Lernkrimi Italienisch

Il testamento del dottor Bianchi

Cinzia Tanzella
Myriam Caminiti
Daniela Ronchei

Weitere Informationen zu Compact Lernkrimis finden Sie am Ende des Buches und unter www.lernkrimi.de.

© Compact Verlag GmbH
Baierbrunner Str. 27, 81379 München
Ausgabe 2014
10. Auflage

Alle Rechte vorbehalten. Nachdruck, auch auszugsweise,
nur mit ausdrücklicher Genehmigung des Verlages gestattet.

Chefredaktion: Dr. Matthias Feldbaum
Redaktion: Isabella Bergmann
Fachkorrektur: Luca Melchior
Produktion: Ute Hausleiter
Titelillustration: Karl Knospe
Lernkrimi-Logo: Carsten Abelbeck
Gestaltung: Maria Seidel
Umschlaggestaltung: EKH Werbeagentur GbR, Hartmut Baier

ISBN 978-3-8174-7761-6
7277615/10

www.compactverlag.de, www.lernkrimi.de

Vorwort

Mit den neuen, spannenden Compact Kurzkrimis können Sie Ihre Italienischkenntnisse auf schnelle und einfache Weise vertiefen, auffrischen und überprüfen.
Die vier fesselnden Kurzkrimis sind ideal für geübte Anfänger und Wiedereinsteiger.
Jeder Krimi wird durch abwechslungsreiche und kurzweilige Übungen ergänzt, die das Lernen unterhaltsam und spannend machen.
Prüfen Sie Ihr Italienisch in Lückentexten, Zuordnungs- und Übersetzungsaufgaben, in Buchstabenspielen und Kreuzworträtseln!
Ob im Bus oder in der Bahn, im Wartezimmer, zu Hause oder in der Mittagspause – das Sprachtraining im handlichen Format bietet die ideale Trainingsmöglichkeit für zwischendurch.
Schreiben Sie die Lösungen einfach ins Buch!
Die richtigen Antworten sind in einem eigenen Lösungsteil am Ende des Buches zusammengefasst. Im Anhang befindet sich außerdem ein Glossar, in dem die schwierigsten Wörter übersetzt sind. Diese sind im Text kursiv markiert.

Und nun kann die Spannung beginnen ...

Viel Spaß und Erfolg!

Die Ereignisse und die handelnden Personen in diesem Buch sind frei erfunden. Etwaige Ähnlichkeiten mit tatsächlichen Ereignissen oder lebenden Personen wären rein zufällig und unbeabsichtigt.

Inhalt

Le ultime volontà del dottor Bianchi   5

Corsa con ostacoli   36

Delitto e caffè   70

Il segreto del faro 102

Abschlusstest 135

Lösungen 142

Glossar 146

Le ultime volontà del dottor Bianchi
Die lebensfrohe Giulia Bianchi wird ins Krankenhaus eingeliefert.
Alle gehen davon aus, dass sie sich das Leben nehmen wollte. Nur ihre
Ärztin glaubt nicht an einen Selbstmordversuch und beginnt auf
eigene Faust zu ermitteln.

Corsa con ostacoli
Kurz vor dem Palio, dem berühmten Pferderennen in Siena, geht der
Stall der Contrade „Istrice" in Flammen auf. Wenige Tage später stürzt
der Jockey aufgrund eines eingerissenen Zügels. Handelt es sich um
Unfälle oder möchte jemand gezielt der Contrade schaden?

Delitto e caffè
Der wohlhabende und geizige Herr Raimondi wird in seinem Haus tot
aufgefunden. Seine Pflegerin wird verhaftet – jedoch kann die Tat-
waffe nicht gefunden werden und auch andere Ungereimtheiten ver-
dunkeln den Fall. Wer ist der wahre Mörder?

Il segreto del faro
Der alte Leuchtturmwächter eines süditalienischen Dorfes ver-
schwindet spurlos. Kurz darauf wird der Pfarrer verletzt. Die Dorfbe-
wohner suchen den Grund in alten Legenden – oder will sie jemand
bewusst täuschen?

LE ULTIME VOLONTÀ DEL DOTTOR BIANCHI
Cinzia Tanzella

Capitolo 1: Una paziente inaspettata

La dottoressa Loconsole entra nel *reparto di rianimazione*. Purtroppo c'è una nuova paziente. Non crede ai suoi occhi. È Giulia Bianchi, la sua vecchia compagna di scuola.

"Che cos'ha?", chiede all'*infermiera*.

"*Intossicazione*. La paziente è sotto controllo per *tentato suicidio*. Anche le visite sono limitate", dice l'*infermiera*.

Non è possibile, pensa, per una tipa veramente divertente e simpatica come lei. La conosce bene. Ricorda anche la *chiacchierata* di due giorni fa, il solito buon umore di Giulia.

"Dottoressa, posso parlarLe?", le dice una voce maschile alle sue spalle.

"Chi è Lei?", risponde la dottoressa *seccata*.

"Sono il marito di Giulia Bianchi, Alfredo Postero."

"Ah, mi dispiace, è difficile anche per me perché conosco Giulia."

"Sì, è difficile. La vita con Giulia è sempre stata complicata", risponde l'uomo, che porta degli occhiali da sole.

"Ma perché ha tentato il suicidio?"

"Giulia è molto sensibile e questo è un momento molto difficile per lei. Il padre *è in fin di vita*, qui, in questo ospedale."

"Sì, purtroppo il dottor Bianchi ha pochi giorni di vita ancora. Povera Giulia!"

Alfredo Postero si sposta gli occhiali e asciuga le lacrime. Poi si allontana, con la testa bassa, lentamente, verso l'uscita.

Nel corridoio davanti alla camera di Giulia c'è un altro uomo.

"Chi è quel signore?", chiede la dottoressa all'*infermiera*.

"È uno straniero, parla l'inglese e ripete il nome della signora Giulia Bianchi. Non vuole andare via."

Übung 1: Sind die folgenden Aussagen korrekt? Markieren Sie mit richtig ✔ oder falsch – !

1. La nuova paziente è una vecchia compagna di scuola della dottoressa. ☐
2. La paziente si chiama Loconsole. ☐
3. La paziente è in ospedale per intossicazione. ☐
4. Alfredo Postero è un amico di Giulia. ☐
5. Alfredo Postero porta gli occhiali da sole. ☐
6. Il padre di Giulia è in fin di vita. ☐
7. Il signore sconosciuto parla francese. ☐

Il dovere la chiama. La dottoressa deve fare il suo giro di routine tra i pazienti. Dopo fa una pausa e va a prendere un caffè al bar dell'ospedale al *pianterreno*. La gente a quest'ora fa ancora colazione. I *cornetti* caldi e le paste alla crema sono vicino alla cassa. Paga il suo caffè, 80 centesimi, e aspetta al *banco*. In pochi minuti il *barista* le *porge* la tazzina di caffè. La dottoressa lo beve tutto subito. Lo preferisce così: amaro e naturalmente caldo. Poi prende il *quotidiano locale* e legge i titoli. Ci sono solo cattive notizie: "arrestato per 10 chili di hashish", "pizzeria in fiamme", "due morti e cinque *feriti* in un incidente", "commerciante fallito per *debiti* di gioco... Stefano Bianchi condannato a due anni, *pena sospesa*..." Di nuovo il nome Bianchi. Questa volta si tratta di Stefano Bianchi. Conosce anche lui, è il cugino di Giulia. Anche lui è un ex compagno di scuola. Questi Bianchi hanno poca fortuna negli ultimi tempi, pensa, mentre ritorna al primo piano.

"Ma per oggi basta con le storie tristi dei vecchi compagni di scuola", si dice la dottoressa. Al primo piano l'*infermiere* la cerca: c'è un signore che vuole parlare con lei. Per la seconda volta non riesce a credere ai suoi occhi. È proprio lui, è Stefano Bianchi, quello che è nel giornale per i *debiti* di gioco.

"Catia, ti ricordi di me? Sono Stefano..."

Stefano non ha un bell'aspetto. Parla con una voce triste.

"Come va?", chiede la dottoressa.

"Non tanto bene. Troppe *disgrazie* insieme. Sono qui per lo zio e per mia cugina."

"Lo so, mi dispiace. Scusami Stefano, ma adesso chiudiamo il reparto alle visite ed io devo occuparmi del paziente nella stanza numero 12."

Il resto della gente segue l'invito degli infermieri e della dottoressa e si allontana. Il corridoio *si svuota*, ma in fondo c'è ancora quell'uomo della mattina. La dottoressa si avvicina, lo osserva da vicino: è molto alto, ha i capelli lunghi biondi, la pelle chiara, gli occhi blu. Lui capisce che deve andare via, dice "ok" con voce stanca e se ne va.

Übung 2: Welches Wort passt inhaltlich nicht zu den anderen? Unterstreichen Sie das „schwarze Schaf"!

1. ospedale, quotidiano locale, infermiera, cartella clinica
2. pianterreno, ascensore, primo piano, ultimo piano
3. caffè, cornetto alla crema, aranciata, acqua minerale
4. colazione, cena, quotidiano, pranzo
5. amaro, dolce, salato, caldo
6. cugino, fratello, marito, amico
7. pensare, imparare, leggere, cucinare

Il resto della giornata in ospedale trascorre senza problemi. Nel tardo pomeriggio la dottoressa *appende* il suo *camice* da lavoro e va a casa. Il suo *turno di lavoro* è finito. Passa a vedere come sta il dottor Bianchi, il padre di Giulia. Sta meglio nelle ultime ore, nonostante la prognosi. Secondo i dottori non gli resta molto da vivere. Per questo Giulia è qui in città dall'Australia, dove vive da due anni e insegna lingua e cultura italiana.

Catia guarda il paziente, ha gli occhi aperti.

"Come sta, dottor Bianchi?", domanda la dottoressa.

"Chi è?", risponde lui piano.

"Sono Catia Loconsole. La figlia di Pietro, del Suo collega."

"Pietro, dov'è Pietro? Anche lui... ", dice il dottor Bianchi lentamente.

La dottoressa non risponde. Non le piace parlare di suo padre.

"Anche Suo padre lavora qui o è già in pensione come il dottor Bianchi?", le chiede una donna al lato del letto.

"Sì, è stato un collega del dottor Bianchi, ma non c'è più da quindici anni. Lei è qui col dottor Bianchi?"

"Sì, mi chiamo Nina Scirocco, sono la *badante*."

Catia Loconsole sente una strana *sensazione* che non le piace e le ricorda qualcosa di *vissuto*, di lontano, di triste. Per un istante ritorna nel passato contro la sua volontà. Per reazione esce dalla stanza e scende le scale velocemente. Fuori c'è il sole, l'aria è calda, c'è la vita normale. Fa un respiro profondo.

Cammina velocemente sino al parcheggio, paga un euro al *posteggiatore* di macchine e parte. C'è molto traffico in città. Gli *automobilisti* suonano il clacson impazienti.

Dopo un quarto d'ora è a casa. Il display della *segreteria telefonica* segna tre messaggi:

"Dottoressa Loconsole. Non sono a casa. Lasciate un messaggio dopo il segnale acustico. Grazie", ripete la sua voce.

Il primo messaggio è muto.

"Buongiorno. Centro medico Delta. Il congresso medico del 13 giugno è *sospeso*", dice la voce femminile del secondo messaggio. Anche il terzo messaggio non c'è. La telefonata è delle 18:30, circa dieci minuti fa. Chissà chi ha telefonato, si domanda.

Si siede comodamente sul suo divano e *accende* un cd di musica classica. Cerca tra le vecchie foto. Ne trova alcune del liceo. Ecco una foto della 3ª b, tutti in piedi intorno alla *cattedra* dell'insegnante. Eccone un'altra in *palestra*, nell'ora di *educazione fisica*, il giorno del suo compleanno, 16 anni. Quanto è lontano quel tempo, pensa e riconosce Giulia col suo dolce sorriso di sedicenne, i capelli lunghi. C'è anche Stefano, anche allora con gli occhiali, magro, l'espressione antipatica sul viso. Ricorda con *ribrezzo* i suoi scherzi cattivi, tutti i suoi problemi con gli insegnanti.

Il telefono squilla. Solleva la *cornetta*:

"Pronto."

"Ciao Catia! Sono tua sorella. Come va?"

"Barbara! Che sorpresa! Va bene, ma sono un po' stanca."

"Non ti preoccupare, non ho tempo adesso per parlare, ma domani sono in città e possiamo vederci."

"Magnifico! Allora vieni da me."

Finalmente, a conclusione della giornata, può andare a dormire, ma prima di addormentarsi le *ritorna in mente* il viso di quell'uomo biondo che parla in inglese. Chi è? È un amico di Giulia?

Übung 3: Übersetzen Sie folgende Sätze!

1. Il parcheggio è vicino all'ospedale.

2. Gli automobilisti sono impazienti e suonano il clacson.

3. Nel frigorifero c'è solo del latte.

4. La segreteria telefonica non funziona bene.

5. Il telefono squilla tutto il giorno.

6. La sorella di Catia vive in un'altra città.

Capitolo 2: Il sospetto della dottoressa

Il *campanello* suona più volte a pause brevi. Catia Loconsole apre gli occhi e guarda la sveglia. Sono le otto e mezza. Ricorda la telefonata di ieri sera e riconosce dal suono del *campanello* il modo in cui sua sorella arriva di solito. Si alza dal letto. Cerca le sue pantofole con i piedi. Va alla porta di casa. Il *campanello* suona di nuovo, questa volta senza pause. Apre la porta. Eccola là, sua sorella, con il dito sul *campanello*. Nell'altra mano un sacchetto che profuma di *cornetti* caldi alla crema.

"Buongiorno", saluta Barbara con un grande sorriso e abbraccia sua sorella.

"Sei molto carina a preoccuparti per la colazione. Ma lo sai quante calorie ha un *cornetto* alla crema?"

Alla vista dei *cornetti* caldi ricoperti di zucchero *si fa zitta*: hanno un aspetto invitante. Barbara li mette in un piatto al centro del tavolo in cucina e prende la *caffettiera* per preparare subito il caffè.

La dottoressa osserva sua sorella: è *svelta*, è una persona molto pratica, sa cosa fare in ogni situazione.

"Sembri stanca. Non dormi bene la notte?"

"Di solito sì, ma stanotte ho pensato a lungo alla mia amica Giulia", dice la dottoressa e si siede a tavola.

"Giulia Bianchi? La tua amica di scuola? Siete ancora in contatto?"

"Beh, non tanto. Sta male, è in ospedale."

"Sta molto male?"

"Sì, è nel *reparto di rianimazione* per *intossicazione*. Dicono *tentato suicidio*."

"Orribile. Di sicuro depressa, come il marito..."

"Che cosa vuoi dire?"

"Beh, scusa il *pettegolezzo*, ma...", dice Barbara e fa una breve pausa, prende la *caffettiera* e versa il caffè nelle tazzine. Aggiunge due cucchiaini di zucchero e le porta sul tavolo.

"Ma...?", chiede sua sorella *incuriosita*.

"Ma il marito... l'ex marito soffre di depressione. Ha avuto un forte *esaurimento nervoso*."

"Ah, sì? Ma quando?"

"Circa due anni fa, dopo la *separazione*, quando Giulia è partita per l'Australia."

"Ma tu come fai a saperlo?"

"Beh, sai, zia Giorgia e Alfredo sono colleghi e ogni tanto, quando vado a trovarla, la zia mi racconta del lavoro. L'ultima volta mi ha parlato del suo collega, appunto di Alfredo. È un uomo molto strano, comincia anche ad avere problemi con i genitori dei bambini per le sue strane idee."

"Ah, già. Se non ricordo male, è un insegnante di religione."

"Sì, e forse è proprio questo il centro del problema, perché lui è assolutamente *contrario* alla *separazione*. Giulia per lui vive nel *peccato* e lui vuole salvarla."

"Che idee esagerate! Povera Giulia. E così anche lei è depressa. Ma io ricordo la nostra conversazione di tre giorni fa, una conversazione normale... mi sembra tutto molto strano."

Übung 4: Welche Gegenteile gehören zusammen? Ordnen Sie zu!

1. paziente	☐ freddo
2. interessato	☐ male
3. caldo	☐ impaziente
4. bene	☐ da solo
5. stanco	☐ debole
6. forte	☐ disinteressato
7. insieme	☐ riposato

Le tazzine di caffè vuote sono sul tavolo accanto al piatto sporco di zucchero e crema. Sono le dieci ed è ora per Catia di prepararsi. Oggi il suo *turno* comincia a mezzogiorno. Barbara decide di andare via e Catia vuole farsi una doccia.

"Sai cosa penso?"

"No."

"Non voglio essere cattiva, ma se Giulia non *ce la fa*, Alfredo *eredita* un sacco di soldi. Ma sai quanto possiede il dottor Bianchi?"

"Beh, se ci penso, non è l'unico erede. C'è anche Stefano, *nipote di primo grado*, unico Bianchi della famiglia. Solo che sicuramente Stefano perde di nuovo tutto al gioco, o forse l'eredità gli basta giusto per pagare i *debiti*."

"Non vuoi mica dire che i due desiderano la morte di Giulia?"

"Ma no, certo. È *tentato suicidio*, no?"

"Infatti", risponde decisa la dottoressa e saluta sua sorella.

Dopo la doccia, mangia una piccola porzione di rigatoni all'arrabbiata nella rosticceria dell'angolo e va al lavoro.

La città è caotica come al solito, a quest'ora. Il traffico si muove lentamente. La gente aspetta al semaforo. Alcuni attraversano le *strisce pedonali* velocemente quando la prossima macchina sembra ancora lontana.

Il percorso sino all'ospedale le sembra caotico e stressante più che mai. Si ferma al rosso, squilla il *cellulare*. Risponde.

"Catia, scusami sono ancora io, Barbara."

"Sì, dimmi."

"Sono da zia Giorgia. Ti chiamo per raccontarti una novità, purtroppo non è una buona notizia. La zia mi ha appena raccontato che Alfredo è *sospeso* dal lavoro perché è in uno stato molto confusionario. È fuori di sé, *delira* sul *peccato*, sull'inferno e sulle *punizioni* di Dio. Il direttore della scuola l'ha mandato in un centro per malati psichici."

"Dio mio, è orribile", dice Catia Loconsole *sconvolta*, ma il suono dei clacson la richiama alla guida. Suonano tutti dietro di lei: è ferma davanti al semaforo verde. Parte proprio quando *scatta il giallo*. Ripensa al caso di Alfredo: pover'uomo, è diventato pazzo!

Übung 5: Welche Übersetzung stimmt? Kreuzen Sie an!

1. chaotisch
a) ☐ ordinato
b) ☐ caotico
c) ☐ confuso

2. gute Nachricht
a) ☐ novità
b) ☐ buona notizia
c) ☐ sorpresa

3. Zebrastreifen
a) ☐ strisce bianche
b) ☐ strisce stradali
c) ☐ strisce pedonali

4. hupen
a) ☐ suonare il clacson
b) ☐ squillare
c) ☐ bussare

5. Handy
a) ☐ telefono fisso
b) ☐ cellulare
c) ☐ portatile

6. Schicht
a) ☐ periodo di lavoro
b) ☐ turno di lavoro
c) ☐ orario di lavoro

7. Trennung
a) ☐ distanza
b) ☐ separazione
c) ☐ opposizione

8. wünschen
a) ☐ volere
b) ☐ decidere
c) ☐ desiderare

9. Schullehrer
a) ☐ professore
b) ☐ insegnante
c) ☐ docente

10. soeben
a) ☐ appena
b) ☐ appunto
c) ☐ di nuovo

Arriva al parcheggio dell'ospedale, parcheggia la macchina e guarda l'ora: sono le dodici meno un quarto. Ha ancora quindici minuti. Attraversa la strada e cammina per cinquanta metri sulla strada principale. Entra nel Bar Vespucci, paga alla cassa e va al *banco* a prendere il suo secondo caffè della giornata. Bere un buon caffè è per lei uno dei *piaceri* della vita. Normalmente di fronte a una tazzina calda ha delle buone idee. Oggi, purtroppo, quella tazzina non le dice niente. Il caffè ha un gusto strano. Guarda il *barista*, sembra antipatico. Come sarà oggi il lavoro, pensa, come questo caffè? Beve un sorso d'acqua. "Arrivederci", dice e va verso l'ospedale.

Nel suo reparto non ci sono grandi novità sui pazienti. Giulia mostra segni di *ripresa*. L'uomo dai capelli lunghi e biondi è ancora lì nel corridoio. Quando la vede, le si avvicina.

"Dottoressa", la chiama con un forte accento straniero.

"Lei è qui per Giulia, vero?"

"Sì, sono il suo *compagno*. Come sta Giulia?"
"Sta meglio. Si riprende velocemente."
"Ah, grazie a Dio, ma sono preoccupato. La situazione non mi piace."
"Sì, è una situazione poco *piacevole*."
"È tutto molto strano."
"In che senso?"
"Secondo me qualcuno è contro Giulia e vuole farle del male. O forse addirittura più di una persona."
"Sa, io sono un'amica di Giulia. E Lei e Giulia avete un *rapporto* molto stretto?"
"Ci conosciamo da un anno e siamo molto uniti."
"Come sta Giulia a Sidney? Ha problemi?"
"Giulia in Australia sta molto bene. Ha molti amici e poi lei ha una personalità molto *equilibrata* ed è anche una persona molto ottimista."
"Ma poi qui in Italia tenta il suicidio."
"No, Giulia non ha tentato il suicidio. Le posso assicurare che Giulia non vuole morire, non ha nessun motivo per fare una cosa del genere."
"Come può spiegare l'accaduto?"
"Non lo so. Non posso crederci. È assurdo!"
"Si ricorda della sera prima del *ricovero* in ospedale?"
"Naturalmente. Mi ricordo del mal di testa di Giulia."
"Ah, solo mal di testa?"
"Sì, credo per l'aria troppo calda della giornata o forse per la visita al padre in ospedale. Naturalmente anche per la tensione durante il viaggio e la stanchezza del volo, la partenza *improvvisa* dopo la telefonata inaspettata dell'ex marito sulle condizioni gravi del padre."
"Può raccontarmi qualcos'altro? Cosa ricorda della serata?"

"Allora, usciamo dall'ospedale dopo la visita al dottor Bianchi, che sta molto male. Andiamo a casa del dottore con Stefano, lui ci accompagna in macchina. Poi ci saluta e dice che forse ritorna. Giulia ha mal di testa, va in giardino a prendere un po' d'aria fresca. Io l'aspetto nel soggiorno, leggo una rivista, ma mi addormento sul divano. Del resto della serata non ricordo più nulla, solo che quando mi sveglio e voglio andare a letto, Giulia sta molto male, *ansima* e *trema*. Poi *vomita*. Allora io chiamo l'ambulanza."

"C`è qualcun altro in casa?"

"No, credo di no. A pensarci bene, quando arriviamo a casa c'è la *badante*. Ma di notte, quando mi sveglio e Giulia sta male, siamo solo noi due in casa."

"È proprio sicuro che prima del *malore* non c'è nessun altro?"

"Non lo so. Forse torna Stefano."

"Quindi, secondo la Sua versione, Giulia resta sola mentre Lei dorme e quindi probabilmente ha tempo di cercare le medicine che sono in casa, farne un *miscuglio* e di tentare il suicidio."

"Ripeto che non posso crederci. Forse qualcun altro è responsabile, ma non so chi."

"La ringrazio per le informazioni. Continuiamo a parlare un'altra volta, devo continuare il mio lavoro."

"Comunque mi fa *piacere* conoscerLa. Io sono Nick", la saluta e le stringe la mano.

! *Übung 6: Übersetzen Sie folgende Sätze!*

1. Doktor Bianchi geht es sehr schlecht.

2. Giulia hat Kopfschmerzen.

_____

3. Ich schlafe immer auf dem Sofa ein.

_____

4. Unser Freund fährt uns nach Hause.

_____

5. Die Tante geht an die frische Luft.

_____

6. Das Haus hat einen großen Garten.

_____

La dottoressa si allontana per completare il suo giro di routine tra i pazienti. Intanto *pensa tra sé*: che cosa vuole dirle quest'uomo adesso? Vuole forse *confermare* i suoi dubbi? Già, lui non crede al *tentato suicidio* di Giulia. È stato proprio un incidente?
L'*infermiere* viene a chiamarla. È orario d'*ambulatorio*.
"Quanta gente c'è?"
"Una decina di persone."
"Chiama anche l'*infermiera* Giordani. Ho bisogno di aiuto."
Finalmente, per un paio di ore, la dottoressa Loconsole può concentrarsi sul suo lavoro e dimenticare la *vicenda* di Giulia.
Di sera, prima di andare via, passa dal dottor Bianchi. La stanza del paziente è quasi completamente buia. All'angolo, la luce *fioca* di una lampada sul comodino. Lì accanto siede sul letto la donna del giorno prima, la *badante* del dottor Bianchi. Per la seconda volta, Catia Loconsole *avverte* una strana *sensazione*. Le *fa un cenno* con la mano e la *badante* segue la dottoressa nel corridoio.

Übung 7: Lesen Sie weiter und fügen Sie die Wörter in Klammern in die Lücken ein!
(figlia, incidente, domande, cugino, ospedale, marito)

"Posso farLe delle (1.) _____?"

"Sì, mi dica."

"Conosce bene la (2.) _____ del dottor Bianchi?"

"La signora Giulia? No."

"Conosce gli altri parenti di Giulia?"

"Conosco solo suo (3.) _____ Stefano. Viene spesso a visitare suo zio negli ultimi giorni e Alfredo Postero, il (4.) _____ della signora Giulia, cioè l'ex marito."

"Come le sembra Postero?"

"Molto strano. E anche un po' violento come la sera dell' (5.) _____ della signora Giulia, per esempio... forse non devo raccontarlo..."

"Un attimo, Lei vuole dire che quella sera Lei era a casa con la signora Giulia e Nick?"

"Sì, per poco tempo, poi sono tornata in (6.) _____."

"E cosa non deve raccontare?"

"Il signor Alfredo quella sera grida, *fa una scenata* alla signora Giulia, forse ha un attacco di *gelosia* per l'australiano."

"Ah, dunque c'è anche Alfredo a casa del dottor Bianchi, quella

sera?", domanda *incuriosita* la dottoressa.
"Sì, prima arriva Stefano Bianchi e dopo un po' arriva anche Alfredo."
"E come reagisce il *compagno* di Giulia, Nick?"
"Lui non c'è, dorme nell'altra stanza."
"Cos'altro ricorda della sera?"
"Dopo la scenata dell'ex marito, la signora Giulia è *sconvolta*. Poi Alfredo la prende per un braccio e la vuole portare via a casa sua, ma la signora Giulia si ribella e Stefano Bianchi porta Alfredo fuori sulla terrazza per farlo calmare."
"E Lei che cosa fa?"
"Niente. Vado in ospedale. Ma prima la signora Giulia vuole sapere dove sono le medicine in casa."
"Perché?"
"La signora Giulia dice che ha bisogno di qualcosa contro il mal di testa."
"Quanto tempo resta ancora in casa?"
"Poco, vado in ospedale, ma Stefano e Alfredo sono ancora fuori in terrazza. Li vedo dal giardino. Stefano parla con Alfredo. Alfredo è molto nervoso."
"Quindi, quando Lei va via, in casa ci sono Nick che dorme, Alfredo e Stefano sulla terrazza e Giulia."
"Sì, esattamente."
"Torna in ospedale da sola? O l'accompagna qualcuno?"
"Torno in ospedale da sola a piedi perché ho bisogno di un po' d'aria fresca. La situazione non è facile neanche per me."
"Ma conosce bene Stefano Bianchi?"
"Insomma, non tanto. Mi sembra un uomo *avido di soldi*, poco gentile."
"E cosa pensa dell'incidente della signora Giulia?"
"È chiaro che non è un incidente. La signora Giulia vuole morire."

"Ne è tanto sicura?", domanda *incuriosita* la dottoressa.

"Sì, credo di sì. È distrutta, stanca di vivere, forse delusa dei *rapporti* instabili con gli uomini."

La *badante* vuole farle credere che Giulia vuole morire per gli uomini. Giulia non è il tipo, la conosce bene. Improvvisamente la dottoressa cambia discorso.

! Übung 8: Ordnen Sie die passende Übersetzung zu!

1. gelosia   ☐ Terrasse
2. medicinale   ☐ Arm
3. terrazza   ☐ Eifersucht
4. avido di soldi ☐ Unfall
5. incidente   ☐ Medikament
6. braccio   ☐ geldgierig

"Lo sa che non può restare in questa stanza, vero?"

"L'*infermiere* non mi ha fatto problemi. Il letto è vuoto e non serve a nessuno."

"In che *rapporto* è Lei con il dottor Bianchi? Voglio dire, è in un *rapporto* personale, intimo?"

"Lo sa che sono solo la *badante*."

Catia Loconsole guarda fuori dalla finestra. La luna piena splende in cielo. Decide di seguire quella luce e va a prendere un po' d'aria fresca.

"Se non c'è più bisogno di me vado via. Domani ho la giornata libera", dice Catia alla prima *infermiera* che vede.

"Ah, a proposito. *Basta con la storia* dei letti ai *parenti* e alle *badanti*! Abbiamo abbastanza personale che si può occupare dei nostri malati! Sono stata chiara? Devono saperlo tutti!"

"Certo, dottoressa", ripete una voce *rispettosa*.

Catia Loconsole *ripesca* dalla sua borsa un vecchio pacchetto di sigarette. Ne *accende* una e la fuma al parcheggio, davanti alla sua macchina. Guarda la luna. Domani vuole fare un paio di indagini sul caso di Giulia. Ha il forte *sospetto* di *tentato omicidio*.

Capitolo 3: La certezza

Al numero 10, in via Garibaldi, dietro il vecchio *muretto* grigio, c'è un piccolo giardino con un albero di mele. La dottoressa Loconsole bussa alla porta della casetta ornata di rose. Una signora dall'aspetto curato apre la porta. Giorgia Cardinale, 58 anni, *nubile*, insegnante di scuola elementare, vive in questa casa da sempre. Sorride e abbraccia sua nipote, poi la *fa accomodare* nel suo salotto. La particolarità a casa sua sono le sue foto appese ai muri. Foto fatte durante i suoi viaggi nel mondo, molti dei quali negli Stati Uniti. Sono foto in bianco e nero degli anni '60.

Übung 9: Lesen Sie weiter und fügen Sie folgende Wörter in die richtige Lücke ein!
(pantaloni, foto, gonne, vestiti, moderna, comodi)

"Zia Giorgia, non mi stanco mai di guardare le tue (1.) _____. La cosa che mi *colpisce* più di tutte sono i (2.) _____, la moda di quegli anni, le (3.) _____ larghe e i corpini stretti."

"Purtroppo sono tempi passati, adesso ci si veste senza stile. Le donne vanno in giro come uomini. I (4.) _____ sono così poco femminili", aggiunge la zia con un'espressione poco entusiasta.

"Forse hai ragione, ma sono molto (5.) _____ e pratici", le risponde Catia Loconsole.

"Lo so, li metto anch'io adesso. Voglio essere anch'io un po' (6.) _____!", conclude la signora Giorgia con *grinta*.

La zia porta sul tavolino un *vassoio* con biscotti al burro, alla panna, alle mandorle e due bicchierini di vermuth e lo appoggia sul tavolo.

"Finalmente ti fai rivedere! Devi venire più spesso a trovarmi", dice a sua nipote.

"Sì, zia, hai ragione, ma lo sai, con i miei *turni di lavoro* e il resto degli impegni, è sempre così difficile. E tu, cosa mi dici di te? Come stai?"

"Si va avanti, l'età *avanza*, i tempi cambiano. Non si *sopportano* più tanto gli altri, si preferisce stare soli."

"E di salute?", indaga la dottoressa per *deformazione professionale*.

"Tutto a posto. Non posso lamentarmi."

"E a scuola, come va?", chiede ancora la dottoressa.

"I bambini mi stancano. Non mi piace come crescono in questa società."

"Già, sono tempi difficili", *conferma* la dottoressa.

"E cosa mi dici del tuo collega di religione, Alfredo Postero? È vero che è pazzo?"

"Non è pazzo, poverino", risponde zia Giorgia con calma, "probabilmente è schizofrenico. Adesso è in cura, lo sai? Non accetta la *separazione* dalla moglie, poi ha delle idee religiose esagerate. Insomma, è una persona che ha molti problemi."

"È pericoloso?", domanda con interesse la dottoressa.

"Non è pericoloso, all'improvviso parla di cose strane, forse ha delle visioni, ma è chiuso nel suo mondo. Non fa del male a nessuno. Anche a scuola non è pericoloso. Dice solo delle cose *spropositate*."

"E a scuola i colleghi cosa dicono? Sanno della sua situazione familiare, che Giulia ha un nuovo *compagno*?"

"I colleghi sono tutti molto tristi. Non è una *vicenda piacevole* per la scuola, quindi se ne parla poco."

"Secondo te un uomo come lui può desiderare la morte dell'ex moglie, forse per *gelosia*?"

"No, Catia. Non voglio pensarci. È orribile quello che dici. Vuoi forse dire che lui è responsabile della condizione di Giulia?"

"Forse lui, o forse qualcun altro. Giulia non è una persona che tenta il suicidio. La conosco abbastanza bene."

"E per soldi? Secondo te Alfredo Postero ha bisogno di soldi?"

"No, sono sicura che Alfredo non *va dietro* ai soldi", risponde decisa la zia, "non bevi il tuo vermuth?"

"No, zia. Grazie, devo andare via. Ho diverse cose da *sbrigare* stamattina." Catia Loconsole si alza.

"Vai via? Ma quando torni a trovarmi?", si lamenta la signora Giorgia.

"Non lo so, spero presto."

La dottoressa Loconsole decide di passare dalla casa del dottor Bianchi. Non è molto lontana da lì. L'*abete* nel giardino le ricorda gli anni di amicizia con Giulia, i pomeriggi insieme a ripetere chimica. Il *cancello* è aperto, si guarda intorno. Non c'è nessuno. Anche la porta di casa è aperta. Decide di entrare. Cammina per il

23

corridoio buio. La prima porta a destra è lo studio. *Dà uno sguardo* e continua verso la prossima stanza. La porta successiva è la camera da letto del dottor Bianchi. Entra. È tutto in ordine. Una valigia è a lato dell'armadio. È la valigia di Giulia, porta l'*adesivo* con il numero del volo. Ritorna indietro, entra nell'ultima stanza di fronte allo studio. È la cucina. Anche qui è tutto in ordine. Accanto c'è il *cucinino*. Un'*anta* dell'armadietto è aperta. È pieno di medicine, alcune sono accanto al *lavello*, ancora aperte. Sono le medicine dell'*intossicazione* di Giulia.

Übung 10: Wo finden Sie folgende Gegenstände? Ordnen Sie zu!

1. frigorifero   ☐ camera da letto
2. scaffale dei libri   ☐ cucina
3. divano   ☐ bagno
4. macchina   ☐ soggiorno
5. armadio   ☐ studio
6. vasca   ☐ garage

"Cerca qualcuno?", le chiede all'improvviso la voce di un uomo alle spalle.

"Non c'è il dottor Bianchi?", chiede la dottoressa spaventata e *fa finta* di non conoscere i fatti.

"No, non c'è, è in ospedale. E la signora Nina, neanche lei c'è."

"Abita qui la signora?"

"Sì, da circa due anni. Ma adesso dorme in ospedale con il dottor Bianchi. Purtroppo il dottore sta molto male, è quasi alla fine."

"Io sono un'amica di Giulia Bianchi. E di lei che cosa mi dice?"

"Povera signora Giulia! Anche lei è in ospedale."

"Davvero? Che brutta notizia! Ma perché?"

"Dicono *tentato suicidio*. Che *disgrazia*!"

"E Lei è il *custode*?"

"Sì."

"Fa tutto da solo?"

"Quasi. Il signor Stefano Bianchi fa il resto. A volte passa anche l'avvocato Vomeno, che è un amico di famiglia e viene a vedere come va. Ma ormai non lo vedo da una decina di giorni. Mi dispiace darLe tutte queste brutte notizie, purtroppo la signora Giulia può vederla solo in ospedale."

"Grazie lo stesso per le informazioni e buon lavoro."

Uscendo dal giardino la dottoressa si scontra con Stefano Bianchi. Ha un brutto aspetto, non solo i vestiti sono *sgualciti*, ma oggi *puzza* anche di alcol e tabacco.

"Catia, cosa ci fai qui?", domanda lui sorpreso.

"Sono passata di qui e volevo *dare uno sguardo* alla casa. Non ero più venuta dai tempi della scuola."

"Come sta Giulia?", chiede Stefano *barcollando*.

"Sta meglio. Si riprende sicuramente."

"E lo zio?"

"Purtroppo per lui non vedo possibilità di miglioramento, anzi gli mancano pochi giorni. Mi dispiace. Dimmi, ma tu sai le novità su Alfredo?"

"Sì, sta male. Stiamo tutti male in questa famiglia."

"Parli anche per te?"

"Sono rovinato e sono solo come un cane."

"E cosa mi dici della *badante* di tuo zio?"

"È una *vipera*, non la *sopporto*. E per fortuna che adesso è in ospedale, perché in questa casa si comporta come la padrona. Ma anche tu hai i tuoi problemini, vero? Come va con tuo marito? È vero che non vivete più insieme?", domanda *pungente* e si avvicina alla dottoressa, che sente ancora una volta il suo *alito puzzolente*.

25

"Non sono cose che ti *riguardano*. Non cambi proprio mai. Sei sempre lo stesso. Ti saluto. Arrivederci!", reagisce *seccata* la dottoressa, che non ama osservazioni sulla sua vita privata.

Entra in macchina e parte subito. Molti pensieri le *ronzano* per la testa: Stefano cerca di confonderla con domande personali. E la *badante*? Quella donna non le piace! Quando pensa a lei riemerge qualcosa del suo passato: il dolore e lo scandalo nella sua famiglia, quando quindici anni fa la polizia viene a comunicare l'incidente automobilistico di suo padre. È morto e accanto a lui in macchina una donna molto più giovane di lui, la sua *amante*, una giovane assistente in ospedale. Tutta la città ne è a conoscenza e sua madre soffre il doppio per questa perdita, ancora di più soffre per lo scandalo. E lei? Studentessa di medicina si domanda il perché di tutto: suo padre, un uomo freddo, distante, che non mostra mai un sentimento, eppure ama una donna, una donna al di fuori della famiglia. *Avverte* una tensione al cuore. È ancora lì quel dolore, è ancora lì quella *sofferenza* e riemerge in associazione con la *badante*. Perché? È anche lei l'*amante* del dottor Bianchi?

!

ÜBUNG 11

Übung 11: Sind folgende Aussagen korrekt? Markieren Sie mit richtig ✔ oder falsch – !

1. Catia Loconsole racconta dell'incidente del padre. ☐
2. Il padre di Catia Loconsole muore in un incidente stradale. ☐
3. La giovane assistente è l'amante del padre di Catia. ☐
4. La città ignora l'incidente del dottor Loconsole. ☐
5. Catia non soffre più per la perdita del padre. ☐
6. Forse la badante è l'amante del dottor Bianchi. ☐
7. A Catia piacciono le osservazioni sulla sua vita privata. ☐
8. Stefano Bianchi e la badante sono buoni amici. ☐

Decide di passare in ospedale. Il *sospetto* della mattina le sembra sempre più fondato. Deve trattarsi di *tentato omicidio*. Ma chi vuole eliminare Giulia? Forse Alfredo, l'ex marito? Forse è geloso fino alla pazzia. Ma non solo: diventare vedovo per lui può essere una soluzione. Forse anche lui ha un'*amante* e vuole mettersi la coscienza in pace.

Ma anche Stefano è un tipo *disposto a* tutto, quando si tratta di soldi. E lui ne ha un bisogno urgente. Forse *approfitta* del ritorno di Giulia dall'Australia, della stanchezza e dello stress emotivo, dei *litigi* con Alfredo, per arrivare all'eredità.

Per quanto *riguarda* invece il bell'australiano dagli occhi blu, anche lui forse vuole eliminare Giulia? Forse è un criminale ricercato in Australia?

Troppe domande, molte sono assurde.

Telefona velocemente in ospedale: "Pronto? Sono Loconsole. Mi può dire se ci sono novità in generale nel reparto? È tutto a posto?"

"Buonasera, dottoressa. Se ha tempo forse è meglio se passa in ospedale. Il dottor Morani è molto preoccupato e vuole parlare con Lei personalmente."

"È qualcosa di importante?"

"La paziente Bianchi ha un *peggioramento*. Il Suo collega, il dottor Morani, esamina la situazione."

"Arrivo tra dieci minuti."

In ospedale si trova di fronte a una verità ancora più triste.

"Giulia Bianchi mostra un'*alterazione* esagerata e inaspettata dei valori dello zucchero nel sangue, causata da un'*iniezione* di una quantità abbastanza pericolosa di insulina", riferisce il dottor Morani. "Qualcuno è responsabile dell'azione. Ho il dovere di informare la polizia e avvisare il personale di tenere sotto forte controllo la paziente", dice il collega alla dottoressa.

Capitolo 4: Il testamento

L'*infermiera* è via per alcuni minuti. Qualcuno entra nella stanza di Giulia. Vede che respira con il *respiratore automatico*. "Non ti svegliare, devi dormire, dormi a lungo, Giulia", dice piano una voce di fronte al letto. Poi esce dalla stanza e *scompare*.

Alfredo si può *escludere*, lui è via in cura psichiatrica da un paio di giorni. Quindi la persona che vuole vedere Giulia morta non è l'ex marito, pensa la dottoressa. E cosa pensare di Stefano? *Ubriaco* come stamattina *ce la fa* a tentare un *omicidio* senza lasciare *tracce* di sé? E dove trova l'insulina? Certo, a casa dello zio. Ma è in grado di fare un'*iniezione* o di mischiarla alla *flebo*? In fondo non è bravo nel fare le cose di precisione, riflette Catia Loconsole.

C'è una persona coinvolta in questa storia, a cui preferisce non pensare: la *badante*. La porta inconsapevolmente indietro nel passato, all'incidente di suo padre, alla sua *amante*.

La dottoressa riflette sul ruolo della *badante* nell'incidente di Giulia. La *badante* è a casa del dottor Bianchi la sera prima del *ricovero* di Giulia, ma solo all'inizio della serata. Poi dice che va in ospedale a piedi, da sola, e restano Nick, che dorme in una stanza, Stefano e Alfredo, che è fuori di sé. Manca ancora qualche informazione per capire la dinamica di quella sera.

! *Übung 12: Beantworten Sie folgende Fragen zum Text!*

1. Con quale sostanza qualcuno tenta di uccidere Giulia in ospedale?

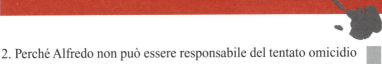

2. Perché Alfredo non può essere responsabile del tentato omicidio di Giulia in ospedale?

_____

3. Qual è la condizione di Stefano il giorno in cui c'è un peggioramento di Giulia per l'insulina?

_____

4. Perché Catia Loconsole preferisce non pensare alla badante?

_____

5. Qual è la condizione del dottor Bianchi?

_____

6. Dove si trova la badante la sera dell'incidente di Giulia?

_____

"Comunicate ai *parenti* di aspettarmi nella stanza del dottor Bianchi. Devo fare velocemente una telefonata", ordina la dottoressa all'infermiera che le annuncia il *decesso* del dottor Bianchi. Le dispiace la notizia, ma sa che non ha tempo da perdere per salvare la vita della sua amica Giulia.

Devo parlare con Stefano, pensa e cerca nell'elenco telefonico il numero di telefono del dottor Bianchi. Risponde il *custode*.

"Pronto? Dottoressa Loconsole. Cerco Stefano Bianchi. Devo parlargli urgentemente. Mi può dire dove trovarlo o darmi il suo numero di telefono?"

"Stefano Bianchi è qui da me, ma è abbastanza *ubriaco*."

"Ho bisogno assolutamente di parlare con lui *a mente fresca*. Mi deve aiutare. Lo può mandare a fare una doccia fredda e prepararogli un bel caffè forte? Poi deve venire in ospedale! È importante!"

Alcuni minuti dopo la dottoressa va nella stanza del dottor Bianchi. L'avvocato è in corridoio. La *badante raccoglie* gli oggetti del *defunto* nella stanza.

"Ci sono delle novità su Giulia. Sta meglio. Vi prego comunque di non disturbarla e lasciarla riposare nei prossimi giorni, perché è molto debole e ha bisogno di tranquillità. Sa già del padre. Vi prego di restare qui. Anche Lei", dice alla *badante* e all'avvocato che vogliono andare via.

"Dunque, avvocato, Lei ha un bel po' di cose da spiegarmi."

"Cosa vuole dire?"

"Sa del secondo attentato alla signora Giulia?"

"Non so nulla."

"Qualcuno è responsabile dell'*iniezione* di insulina fatta alla paziente questa notte."

"Vedo che il suo ospedale ha problemi organizzativi. La paziente è qui per *tentato suicidio* e il personale la lascia sola."

"Non ho bisogno delle sue critiche. Vorrei sapere quali sono le ultime volontà del dottor Bianchi, quelle nel testamento."

"Mi dispiace, ma Lei non è un *parente* del *defunto*."

"Sì, ma l'informazione è molto importante per capire finalmente chi *minaccia* la vita di Giulia Bianchi."

"Vuole giocare alla polizia? Mi dispiace, ma non posso dirglielo. Lei non ha diritto di avere queste informazioni."

"Se non vuole aiutarmi, deve fare attenzione allora ai suoi affari privati con la signora Nina Scirocco, perché possono crearLe dei *guai* in famiglia. Lei è sposato, vero?", la dottoressa passa al *ricatto* senza *cattiva coscienza*.

"Che cosa vuole *insinuare* con questo?"

"Il reparto sa molte cose su di Lei e sulla *badante*, dato che non avete altro luogo privato a parte l'ospedale per i vostri *rapporti* intimi! Gli infermieri vi hanno *sorpreso* insieme e ne parlano in infermeria!"

L'avvocato si fa rosso in viso e cerca di dire qualcosa ma non completa la frase. Prende un fazzoletto dalla tasca dei pantaloni e si asciuga il sudore sulla *fronte*.

"Non è il momento per le *minacce*. Il dottor Bianchi è morto...", risponde la *badante* con le lacrime agli occhi, ma non riesce a finire la frase perché comincia a piangere a *singhiozzi*.

"Basta con la *recita*. Dica la verità: Lei è anche l'*amante* del dottor Bianchi?"

Catia Loconsole vede arrivare Stefano. È abbastanza sveglio.

"Finalmente sei arrivato. Manca il tuo racconto sulla sera prima del *ricovero* di Giulia. Vediamo se le vostre versioni corrispondono. Cosa puoi raccontare di quella sera?", domanda la dottoressa a Stefano e aspetta con impazienza la risposta.

"Che cosa c'entra adesso con la morte di mio zio?", risponde nervoso Stefano e si rivolge all'avvocato: "Avvocato, ho il diritto di conoscere le ultime volontà di mio zio."

L'avvocato apre la sua *ventiquattrore* per prendere i documenti.

"Avvocato, non c'è bisogno del testamento. Può spiegarci la situazione a voce", dice Stefano impaziente.

"Dunque, la situazione è la seguente: c'è un'*erede universale*, la signora Scirocco."

"Questo spiega tutto. Sei tu la *colpevole*!", l'accusa Stefano e cerca *appoggio* nella dottoressa.

"Come ti permetti, tu, *fannullone* e parassita, di fare una tale *accusa*!", risponde nervosa la *badante*.

"Ti ho visto quella sera dalla macchina! La sera dell'incidente di Giulia. Io accompagno Alfredo a casa sua e tu torni a casa dello

31

zio. Giulia è ancora sveglia, è in bagno, si prepara per andare a dormire. Io la saluto e lei mi dice che sta meglio, il mal di testa non è più forte. Non ha trovato le aspirine e crede che andare a dormire le farà bene. Nick dorme già."

"Siamo vicini alla verità, allora?", domanda la dottoressa ironicamente. "Dica la verità: Lei ritorna a casa del dottor Bianchi e fa prendere a Giulia la bevanda che Lei prepara con le medicine del dottor Bianchi. Ovviamente dice a Giulia che è un medicinale contro il mal di testa e Giulia la beve tranquillamente, anche se è un po' amara, ma Lei vuole *avvelenarla*! E anche per il secondo tentativo qui in ospedale prende l'insulina dalla cassetta del dottor Bianchi e la inietta nella *flebo*. Tanto Lei è pratica in queste cose!", afferma con trionfo la dottoressa che ha finalmente tutta la dinamica dell'accaduto.

"Queste sono solo vostre *supposizioni*! Siete *invidiosi* e volete farmi del male. Stefano, tu soprattutto, vuoi arrivare ai beni di tuo zio. Chissà se la dottoressa non ti difende perché ci vai a letto!", conclude la *badante* con cattiveria.

"Zitta, *vipera*! Non posso più sentirti parlare", le risponde Stefano.

! Übung 13: Sind folgende Aussagen zum Text korrekt? Markieren Sie mit richtig ✔ oder falsch – !

La sera dell'incidente di Giulia:

1. Stefano accompagna Alfredo a casa. ☐
2. Nick dorme in una pensione. ☐
3. La badante ritorna a casa del dottor Bianchi. ☐
4. Giulia prende un'aspirina. ☐
5. La badante dà a Giulia un medicinale contro il mal di cuore. ☐
6. La badante è erede universale del dottor Bianchi. ☐

"Avvocato, mi *deve una spiegazione* sul testamento!", dice poi Stefano all'avvocato.

"Dunque, nel testamento viene riconosciuto quale *erede universale* chi presta le proprie cure al dottor Bianchi fino al suo *decesso*", cerca di spiegare l'avvocato. Ma Nick, che arriva di corsa e *fa strada a* un poliziotto, lo interrompe.

"Eccola, quella è la donna", dice Nick e indica al poliziotto la *badante*. Poi aggiunge: "È quella la donna responsabile dell'*avvelenamento* di Giulia."

"Come fa ad *insinuare* una cosa del genere?", risponde prontamente la *badante*.

"Giulia sta di nuovo bene, parla, ricorda tutto di quella sera. Si ricorda anche della visita della *badante* l'altra notte nella sua stanza, quando vuole *ucciderla* di nuovo, questa volta con l'insulina!", aggiunge Nick.

"Non si può credere a una depressa che ha tentato il suicidio", si giustifica la *badante* e aggiunge: "Avvocato, è il momento di chiarire subito la mia situazione."

"Certo", risponde l'avvocato.

"La signora Nina Scirocco, fino ad oggi legata al dottor Bianchi da un semplice *rapporto* di lavoro come *badante* durante la malattia del dottore, arriva in questa città circa due anni fa con un obiettivo preciso. Segue le indicazioni di un *investigatore privato* che è *per suo conto* alla ricerca delle sue origini. La signora cresce senza padre, porta il cognome materno. Sua madre muore alcuni decenni fa. A un certo punto Nina decide di andare alla ricerca del suo padre naturale. Secondo le poche informazioni e prove che possiede il suo investigatore *rintraccia* il dottor Bianchi."

"Vuole dire che mio zio ha una figlia *illegittima*?", domanda meravigliato Stefano.

"Sì, è proprio così", *conferma* Nina Scirocco.

"Qual è la reazione di mio zio?", domanda Stefano *scettico*.

"Il dottore reagisce in modo positivo, ma non vuole *svelare* il segreto. Inoltre proprio in quei giorni Giulia parte per l'Australia contro la volontà paterna e i due litigano. Il dottore ha bisogno di assistenza e accoglie Nina in casa. Lei è pronta ad assisterlo. Poiché la signora lo assiste sino agli ultimi giorni, è l'unica erede", conclude con soddisfazione l'avvocato.

"Certo, adesso capisco. È molto *scomodo* per la signora Nina scoprire che proprio negli ultimi giorni di vita del dottor Bianchi, Giulia ritorna dall'Australia. Può *mandare all'aria* i suoi piani, rischia di perdere tutta l'eredità, allora cerca di eliminare Giulia o almeno di allontanarla dal padre negli ultimi giorni di vita", conclude la dottoressa.

"La proprietà mi *spetta* per la mia assistenza al caro dottor Bianchi e come *risarcimento* per il mio destino di figlia *abbandonata*, mia cara dottoressa", dice Nina amaramente. "Nessuno di voi sa cosa significa crescere senza un padre e avere una vita difficile come la mia. E perché? Per chi? Non certo per lui, per il dottor Bianchi, mio padre, ma per sua moglie, la madre di Giulia. Lei lo obbliga, in nome del loro lungo fidanzamento, a lasciare mia madre, una donna qualunque. Poi lo *minaccia* di fare uno scandalo. Mio padre non vuole uno scandalo, è un giovane medico all'inizio della sua carriera e la madre di Giulia proviene da una ricca famiglia di medici."

Catia Loconsole può capire il dolore di Nina, figlia *abbandonata*. Ma fino a che punto il denaro può sostituire l'amore che un padre può dare in vita?, si domanda e non trova risposta.

"Le chiedo scusa. Mi dispiace tanto", dice la dottoressa alla *badante*. "Ma mi dispiace anche tanto per Giulia. Non *merita* tutto questo."

Intanto arriva un secondo poliziotto.

"Ho avuto abbastanza pazienza ad aspettare. Adesso deve seguirmi in centrale. Su di Lei c'è l'*accusa* di *tentato omicidio*", dice impaziente il primo poliziotto, che ha ascoltato la storia di Nina Scirocco.

Übung 14: Welche Wörter gehören inhaltlich zusammen? Ordnen Sie zu!

1. testamento
2. ospedale
3. partenza
4. matrimonio
5. carriera
6. risarcimento

- [ ] lavoro
- [ ] famiglia
- [ ] erede universale
- [ ] ritorno
- [ ] danno
- [ ] medico

Il dottor Bianchi è morto, ma Giulia è fuori pericolo. Il caso è nelle mani della polizia. Catia Loconsole può fare un sospiro di *sollievo*. Esce dall'ospedale, è pomeriggio, anche oggi una bella giornata. Lascia la macchina al parcheggio e se ne torna a casa a piedi, domani probabilmente prenderà un taxi per andare in ospedale.

CORSA CON OSTACOLI
Myriam Caminiti

Capitolo 1: Vecchie rivalità

"Alla nostra fortuna!", urla Cesare Rossi. Alza il bicchiere e beve un lungo sorso di vino. Poi comincia a cantare: "*Istrice* nostro dai quattro colori, l'anima sei di tutta Camolli..."
Mancano solo tre giorni alla corsa. Mancano solo tre giorni alla magia del *Palio di Siena*. Anche quest'anno la *contrada* dell'*Istrice* può partecipare. Riuniti nel loro salone, fra antichi *stemmi* e vecchie medaglie, i *contradaioli* festeggiano.
Questa mattina, dopo la corsa di *prova*, il *sorteggio* ha *assegnato* a loro Ulisse, un bellissimo cavallo.
"La vittoria quest'anno sarà nostra. Ulisse vince ormai da tre anni. È il più forte", continua Cesare. Poi si guarda attorno e aggiunge: "Ma dov'è Cecchi? Dov'è? Voglio *brindare* con lui!"
Proprio in quel momento Carlo Cecchi entra. Alto, robusto, con grandi occhi azzurri e tanti capelli biondi. Tiene in mano un foglio. "Ah, eccoti, finalmente! Su, vieni qui, *brindiamo*!"
"Ma abbiamo già fatto dieci brindisi!", dice Carlo, "tu sei proprio un matto, ah, ah! E beviamo di nuovo allora! Al nostro cavallo che è il migliore! A Ulisse!" Alza il bicchiere e beve.
"Ma cos'hai lì?", chiede ancora Cesare, "facci vedere!" Carlo alza la mano e fa vedere a tutti il foglio: "Ecco qui, come ogni anno, ho scritto la mia bella poesia." Si mette al centro della stanza e comincia a leggere. Tutti gli anni, da quando è capo della *contrada* dell'*Istrice*, Carlo Cecchi scrive una poesia. Con versi e rime prende in giro la *contrada* della *Lupa*, nemica storica dell'*Istrice*. Tutti ridono divertiti. Poi Cesare si rivolge a Carlo chiedendolo con

tono di trionfo: "Hai visto la faccia del Barbini, stamattina?"

"Sì, era viola. Quasi *scoppiava*, quando ha visto il nostro cavallo", risponde Carlo e si avvicina alla finestra.

La luna illumina la notte. Fuori c'è silenzio. Si gira per tornare alle risate e ai rumori della stanza, ma all'improvviso delle *urla* interrompono il silenzio della notte. Tutti corrono alle finestre.

Nel *cortile* c'è un ragazzetto terrorizzato.

"Filippo, cosa succede?", chiede preoccupato Cesare.

Il ragazzo sembra disperato. Ha corso, prova a parlare, ma la sua voce *trema*. Allora alza la mano e indica un punto oltre il *cancello*, oltre la vecchia fontana.

C'è una luce chiara in lontananza, fra i tetti. Una nuvola grigia si vede appena nel buio, in direzione di via Malta. Cesare diventa pallido. Con un'espressione di terrore negli occhi corre verso la porta e urla: "Fuoco! Fuoco nella stalla!" Mentre corre giù per le scale gli altri lo seguono. Arriva per primo. Subito dietro c'è Carlo Cecchi, *senza fiato* per la corsa. Quello che vedono è uno spettacolo terribile: le fiamme *avvolgono* completamente la stalla e dall'interno si sente il *nitrito* del cavallo.

Carlo cerca di attaccare alla fontana un grosso *tubo* per l'acqua. Quando si gira, però, riesce solo a vedere per un attimo Cesare che si butta tra le fiamme con una coperta addosso.

"Nooo!", urla Carlo Cecchi, ma ormai è troppo tardi: Cesare è già dentro.

"Mi dispiace disturbarLa a quest'ora, Commissario, ma è successa una cosa in via Malta. Io e Conti siamo già qui, ma è meglio che venga anche Lei. Quelli dell'*Istrice* sono disperati." Il commissario Martini si tira giù dal letto e cerca, nel buio, i suoi vestiti.

"Cosa succede, Alberto?" chiede piano sua moglie.

"Cosa vuoi che succeda, mancano solo tre giorni... Sarà la solita *lite* fra *contradaioli*. Non ne posso più, ogni anno la stessa storia. Dormi, non preoccuparti, cerco di tornare presto."

Non è la prima volta che lo chiamano di notte. Anche per delle *sciocchezze*. Ma il suo lavoro è fatto anche di questo e a lui piace. Poi finisce di vestirsi ed esce.

! ÜBUNG 1

Übung 1: Lesen Sie weiter und vervollständigen Sie den Text mit den Wörtern in Klammern!
(illuminano, notte, lontana, muri, piedi, aria, case)

La (1.) _____ è un po' fresca. L' (2.)

_____ profuma di fiori. I lampioni (3.)

_____ leggermente i (4.) _____

colorati delle (5.) _____ di Siena.

Decide di andare a (6.) _____. Via Malta non

è molto (7.) _____.

Certo, Siena di notte è proprio uno spettacolo! Sembra di tornare indietro nel tempo. Fra le stradine silenziose sembra di sentire ancora il rumore di centinaia di *zoccoli* di cavalli. E nobili cavalieri con *armature* brillanti. E una *folla* con migliaia di bandierine colorate e poi strani nomi... *Bruco*, *Oca*, *Tartuca*... quelli delle *contrade*.

Quando il commissario Martini arriva in via Malta, si accorge subito che la situazione è grave. Non è la solita *lite*.

La stalla è completamente distrutta. In un angolo ci sono alcune persone. Altra gente arriva per vedere cosa succede. Conti e

Bianchi, due dei suoi uomini, parlano con Carlo Cecchi.

Il commissario si avvicina subito ai due poliziotti: "Cos'è successo?"

"Ah, Commissario, è arrivato. Come vede, c'è stato un *incendio* nella stalla."

"Sì", interrompe Carlo Cecchi nervoso, "proprio nella stalla del nostro cavallo! Questa volta quelli della *Lupa* hanno esagerato!"

"Perché proprio loro? Hai visto qualcuno?"

"Chi altro se non loro! Ci odiano."

"Piano con le *accuse*, Cecchi. Non sappiamo ancora niente", dice il commissario. Poi Martini si guarda attorno. Accanto al muro, su una sedia, c'è Cesare Rossi. Ha il viso sporco. Beve qualcosa mentre una donna gli mette una coperta sulle spalle.

Il commissario si avvicina e gli chiede: "Tutto bene, ragazzo? Perché non vai in ospedale a farti controllare?"

"No", risponde Cesare, "io rimango qui, non me ne vado fino a quando non vedo Matteo Barbini venire e chiedere scusa!"

"Magari è stato solo un incidente. Chi doveva *sorvegliare* il cavallo?", chiede il commissario. Cesare indica il ragazzino che prima è arrivato nel *cortile* per chiamarli. Martini va dal ragazzo: "Filippo, cosa è successo? Dovevi *sorvegliare* il cavallo..."

Si avvicina un uomo, il padre di Filippo: "Commissario, la colpa è mia. Non dovevo lasciare mio figlio da solo. Volevo solo andare al salone a fare un brindisi con gli altri e poi tornare subito alla stalla."

Il commissario ascolta l'uomo. Poi fa un'altra domanda al ragazzo: "Ma non ti sei accorto del fuoco? Hai visto qualcuno?"

"Mi sono seduto lì, sul *muretto* e leggevo", risponde Filippo. "Poi ho sentito il cavallo. Sono andato vicino alla stalla e dentro c'erano già le fiamme alte. Sono corso subito a chiamare gli altri. Comunque non ho visto nessuno."

Il ragazzo abbassa la testa e con un *filo di voce* aggiunge: "Adesso tutti sono arrabbiati con me, Commissario."

ÜBUNG 2

Übung 2: Ordnen Sie den italienischen Verben ihre deutsche Entsprechung zu!

1. lasciare	☐ rufen
2. andare	☐ zurückkommen
3. tornare	☐ zeigen
4. sedersi	☐ laufen
5. correre	☐ lassen
6. abbassare	☐ sich setzen
7. chiamare	☐ gehen
8. indicare	☐ senken

Martini appoggia la mano sulla spalla del ragazzo: "Non ti preoccupare, Filippo. Poteva succedere a tutti."

In quel momento, Conti, uno dei poliziotti, chiama il commissario. Martini si avvicina alla stalla bruciata. C'è ancora molto fumo.

Il poliziotto indica qualcosa in un angolo. Martini si abbassa per guardare meglio. Sembra una *tanica* per la benzina. Le fiamme l'hanno quasi completamente distrutta, ma è ancora possibile capire di cosa si tratta. A questo punto, per Martini è chiaro che l'*incendio* non è un incidente. Qualcuno vuole impedire alla *contrada* dell'*Istrice* di partecipare al *Palio*.

Continua a guardare quello che rimane della stalla. Vede che c'era anche una porta dall'altra parte. Sicuramente chi le ha dato fuoco ha usato quell'entrata. Ecco perché il ragazzo non ha visto nessuno.

Nel frattempo arriva anche il proprietario del cavallo. Qualcuno lo ha *avvertito*. È un uomo anziano, alto, magro, con sottili *baffi* bianchi. Si avvicina a Carlo Cecchi e comincia ad urlare: "Siete degli incapaci. Dov'è il mio cavallo? Non sapete neanche *fare la guardia* ad un animale!"

Il commissario si rivolge all'uomo: "Sono il commissario Martini. Per favore, si calmi! Siamo qui per capire cosa è successo. Il Suo cavallo sta bene. È nel *cortile* del signor Rossi. Uno dei miei uomini rimarrà a *sorvegliare* la stalla. Conti, per favore, accompagni il signore a vedere il cavallo!" Il poliziotto e l'uomo si allontanano insieme. Martini e Carlo Cecchi rimangono lì.

"Chi è il capitano della *contrada* quest'anno?", chiede Martini.

"Cesare Rossi", risponde Cecchi.

"E il *fantino*?"

"Si chiama Achille Poggi. È di Roma."

Carlo Cecchi stringe i *pugni* e dice: "Commissario... sono stati quelli della *Lupa*. Sono sicuro. Oggi, alle *prove*, Matteo Barbini ha cercato di litigare. Mi ha insultato. Ha detto anche che potevano succedere ancora tante cose prima della corsa. È chiaro, era una *minaccia*."

"Adesso calmatevi tutti e tornate a casa! Di questo me ne occupo io. È compito mio."

Martini chiama Bianchi, l'altro poliziotto: "Senti, Bianchi, adesso non si può fare niente qui. Mandiamo tutti a casa. Domani mattina, molto presto, io sarò al commissariato. Voglio anche andare a parlare con Matteo Barbini. Intanto tu cerca tutte le informazioni che puoi sul proprietario del cavallo! Voglio sapere se ha problemi con qualcuno."

Poi Martini si allontana. Torna indietro attraverso le stradine ancora buie e arriva a casa. Si spoglia e va sotto le coperte, ma non riesce a dormire. Pensa ancora. Si chiede se veramente la colpa sia della *contrada* della *Lupa*. Poi, troppo stanco, si addormenta.

Quando apre gli occhi, sente l'odore forte del caffè e il rumore dei piatti in cucina. È ancora molto stanco. Si alza e va a fare una doccia per lavare via il sonno. Dopo va in cucina.

Sua moglie è già uscita per andare al lavoro. Sul tavolo c'è un piatto coperto e sul *fornello* spento la *caffettiera* ancora calda. *Accende* la televisione. Sul canale locale parlano dell'*incendio*.

!

ÜBUNG 3

Übung 3: Welche Gegenteile gehören zusammen? Ordnen Sie zu!

1. aprire	☐ freddo
2. forte	☐ silenzio
3. rumore	☐ spegnere
4. stanco	☐ entrare
5. uscire	☐ acceso
6. spento	☐ riposato
7. caldo	☐ debole
8. accendere	☐ chiudere

Mangia velocemente due *fette* di pane. Prende il cappello ed esce.

Adesso la città comincia a svegliarsi. Nelle stradine, prima vuote e silenziose, adesso c'è già un po' di gente. Ovunque ci sono bandiere e decorazioni con i colori delle *contrade*. Le *botteghe* sono tutte aperte. Nell'aria si sente il profumo del pane appena sfornato. Vanni, il panettiere, ha appena tirato fuori dal forno focacce e *ciambelle*.

"Buongiorno, Commissario!" gli grida Giorgio, il *calzolaio*, quando Martini passa davanti al suo negozio. Poi attraversa Piazza del Campo. Gli operai montano le strutture per la corsa. Finalmente Alberto Martini arriva davanti al commissariato. Sale le scale ed entra nel grande palazzo.

Capitolo 2: Ancora problemi per l'Istrice

"Buongiorno, Commissario, tutto bene? Ho *raccolto* le informazioni che cercava. Ho messo tutto sulla sua scrivania."

"Bene, Bianchi. Grazie tante." Martini va nel suo ufficio. Prende i fogli e legge. Si ferma alcuni secondi a riflettere... Amedeo Benvenuti, dunque, è il nome del proprietario del cavallo. Una volta aveva un ristorante, ma poi ha venduto tutto. Adesso ha un *allevamento* di cavalli. Sembra a posto, sicuramente un po' strano, ma pulito. Il commissario esce di nuovo dal suo ufficio e va da Conti: "Ci sono notizie dalla *contrada* dell'*Istrice*?"

"Sì, Commissario. Stamattina il capitano della *contrada*, Cesare Rossi, ha telefonato. Il cavallo non farà la seconda *prova*, questa mattina. Il veterinario lo deve visitare. Vogliono essere sicuri che il cavallo stia bene. Ha anche detto che telefonerà più tardi. Ci farà sapere se il cavallo può partecipare alla terza *prova*, nel pomeriggio."

"Avete trovato *impronte digitali* sulla *tanica*?"

"No, Commissario. Purtroppo la plastica si è *sciolta*. Il fuoco ha cancellato le impronte."

"Peccato, abbiamo perso una *prova* importante. Comunque adesso io esco. Vado nella *contrada* della *Lupa*. Voglio vedere cosa succede lì. A dopo, Conti. Mi raccomando, mi tenga informato!"

Il commissario Martini esce dall'edificio. Anche oggi decide di andare a piedi. Per le stradine di pietra si respira l'aria dei *preparativi*. Ovunque la gente parla della corsa, dei favoriti e naturalmente dell'incidente nella *contrada* dell'*Istrice*. Martini arriva in via Montanini, dove c'è la sede della *contrada* della *Lupa*.

In fondo alla via c'è un gruppo di persone. Si sentono delle *urla*.

"Siete dei *vigliacchi*! Fare una cosa simile per vincere!", grida qualcuno. "È proprio una *vergogna*."

"Non sai cosa dici, ragazzo. Vattene! Non ho tempo da perdere con te! Non è colpa nostra se voi non vi sapete occupare del vostro cavallo!", risponde un'altra voce.

Martini corre verso la *folla*: "Cosa succede qui? Fatemi passare!"

La gente si sposta. In mezzo, Cesare Rossi *minaccia* con i *pugni* chiusi un uomo alto e grosso. È Matteo Barbini, il capo della *contrada* della *Lupa*.

"Adesso basta!", urla il commissario, "non si risolve niente così. Le *minacce* non sono una soluzione. La polizia si occupa già di questa storia. Cesare, lascia stare il signor Barbini!"

"Non è giusto, Commissario, devono essere puniti! Sono stati loro!"

Übung 4: Lesen Sie weiter und ergänzen Sie die richtigen Adjektivendungen!

"Questo lo vedremo, Cesare. Vai ora!", aggiunge Martini con tono (1.) dur___. Cesare Rossi si allontana e presto scompare nella stradina.

"La *Lupa* e l'*Istrice* sono nemici da anni", dice improvvisamente Matteo Barbini, "ma un gesto così noi non lo faremmo mai. Siamo persone (2.) onest___ e poi è una regola: i cavalli non si toccano."

"Lo so, Matteo, lo so. Quello che è successo è (3.) grav___, tutti sono (4.) agitat___. Anche Cesare, in questo momento ha perso il controllo, ha un carattere forte, forse un po' (5.) impulsiv___, ma è un (6.) brav___ ragazzo."

"Però stamattina ha esagerato. Venire qui ad insultarmi è troppo. Comunque adesso devo andare, tra mezz'ora comincia la corsa di *prova*. Arrivederci Alberto." Matteo Barbini va via e il commissario lo osserva per alcuni secondi. Si conoscono dai tempi della scuola. Sono sempre stati buoni amici. Martini sa benissimo che Barbini è una persona a posto. Ma è accaduto un fatto molto grave e lui deve scoprire la verità. Deve mettere da parte i propri sentimenti ed essere razionale. Lascia la *contrada* e va verso il centro.

Non è ancora arrivato in Piazza del Campo e già sente le *urla* della gente, venuta a vedere la *prova*. Passa tra le persone e arriva più vicino alla *pista*. Adesso è in un ottimo punto. Da lì può osservare bene la *gara*. Si guarda attorno. Dall'altra parte della *pista* vede il gruppo della *Lupa*. In quel momento arriva anche Matteo Barbini. I cavalli sono quasi pronti. Poi si comincia.

Per primo entra un magnifico cavallo. Ha i colori della *contrada* dell'*Oca*. Poi gli altri dietro. Quello, il primo, sembra più veloce.

"Ah, almeno adesso la *gara* si fa interessante", dice qualcuno. Il commissario si gira. Accanto a lui c'è un uomo. È basso e porta un cappello. Ha in mano una grossa macchina fotografica.

"Come, scusi?", chiede Martini.

"Ma sì, prima dell'*incendio*, tutto era *prevedibile*, noioso. Il cavallo dell'*Istrice* era il più forte. Ma adesso, se lui non parteciperà... Ma tutto è da vedere. Comunque *piacere*, mi chiamo Ferrari, sono de 'La Gazzetta'." Poi l'uomo *scatta* alcune *foto*.

Il commissario osserva per un attimo quello strano personaggio. Subito però è attirato dalle *urla*. Il cavallo dell'*Oca* è ancora primo! Ormai manca poco! Sì, *ce la fa*... ha fatto tre giri, ha vinto la *prova*! Tutta la gente nella piazza è agitata. Parla, fa *previsioni* per la prossima *prova*...

E poi ci sono i *contradaioli*. Molti sono delusi, altri sperano ancora. In effetti. Tutto è ancora da vedere. Questa era solo una *prova*!

Übung 5: Ordnen Sie den Adjektiven ihre korrekte deutsche Entsprechung zu!

1. veloce	☐ langweilig
2. interessante	☐ enttäuscht
3. basso	☐ schnell
4. noioso	☐ klein
5. strano	☐ nächste
6. agitato	☐ seltsam
7. prossimo	☐ großartig
8. deluso	☐ aufgeregt
9. magnifico	☐ interessant

Il commissario ascolta i discorsi di alcune persone accanto a lui:

"Il cavallo dell'*Oca* sì che è forte!", dice uno di questi.

"Certo, quello dell'*Istrice* era ancora più forte. Se non parteciperà, sicuramente vincerà l'*Oca*", aggiunge un'altro.

"E Lei, cosa ne pensa?", chiede poi il giornalista al commissario.

"Quello che penso io non è importante, io devo solo mantenere l'ordine."

"Certo, capisco Commissario, la legge prima di tutto!", risponde il giornalista con tono ironico.

Il commissario si muove tra la gente per uscire dalla piazza. Non ha più voglia di ascoltare quel tipo. Improvvisamente si ferma. Dall'altra parte della piazza succede qualcosa. Si alza sulle punte dei piedi per vedere meglio... Un gruppo di ragazzi, con grandi *cartelli* fa una manifestazione. "Basta con il *Palio*!", e ancora: "Fermate questa violenza contro i cavalli!" Queste ed altre sono le frasi scritte sui *cartelli*. "Bah, sono quegli *animalisti*", dice ancora il giornalista, che è di nuovo vicino a lui, "sempre il solito caos, ogni anno. E poi, è proprio una cosa ridicola... non c'è anche il figlio di un *contradaiolo*? Sì, quel Cecchi lì. Tutti ne parlano negli ultimi giorni. Suo padre è capo di una *contrada* e lui gioca a fare l'*animalista*! Veramente ridicolo! Io me ne vado, La saluto, Commissario. Ci si vede!"

Il giornalista si allontana fra la gente.

Martini rimane per un attimo senza parole, poi cerca di farsi strada tra la *folla* per raggiungere i *manifestanti*. Quando arriva dall'altra parte della piazza, il gruppo si è separato. Conti e altri poliziotti erano già lì per calmare la situazione.

"Tutto a posto, Commissario. Era il gruppo degli *animalisti*. Come vede, sono andati via", spiega Conti.

"Ma, Conti, Lei lo sapeva che Luca, il figlio di Carlo Cecchi, fa parte di questo gruppo?", chiede Martini.

"Sì, è entrato nel gruppo degli *animalisti* quest'anno. Me lo ha detto mia figlia, sono compagni all'università. So che ha litigato molto con suo padre per questo."

"Capisco", risponde il commissario *pensieroso*. Ha bisogno di fare un po' di chiarezza. Decide così di tornare al commissariato per *raccogliere* le idee. Conti e gli altri poliziotti rimangono lì a controllare la piazza. Fra alcune ore ci sarà la *Processione del Cero Votivo*. Poi la terza *prova*.

Übung 6: Sind die folgenden Aussagen korrekt? Markieren Sie mit richtig ✔ oder falsch – !

1. Durante la prova Martini parla con un giornalista. ☐
2. Martini sapeva che Luca Cecchi faceva parte degli animalisti. ☐
3. Carlo Cecchi è molto contento che suo figlio sia in quest'organizzazione. ☐
4. La figlia di Conti va all'università insieme a Luca Cecchi. ☐

5. Agli animalisti piace il Palio. ☐
6. La polizia è riuscita a calmare la situazione. ☐
7. Sono già anni che Luca Cecchi fa parte degli animalisti. ☐
8. Martini parla con i manifestanti. ☐

Martini *si incammina* e presto arriva vicino al commissariato. Prima di entrare, però, pensa di andare a mangiare qualcosa. Il panettiere, lì all'angolo, fa una focaccia buonissima.

Dunque attraversa la strada ed entra nella piccola *bottega*. Luigi sta *sfornando* alcune focacce. Il profumo riempie la stanza.

"Commissario, come va? La solita focaccia con le olive?"

"Buongiorno, Luigi. Sì, grazie."

Mentre aspetta, Martini si siede su una sedia. Guarda fuori.

Proprio in quel momento, davanti alla *vetrina*, passa Carlo Cecchi. Il commissario lo saluta con la mano, ma lui non lo vede. Parla al telefono, è molto agitato. Gesticola e sembra preoccupato. Probabilmente sa che suo figlio ha partecipato alla manifestazione. Sarà arrabbiato. Sicuramente non accetta questa cosa. Quelli come lui vivono per il *Palio*.

Intanto la focaccia è pronta. Il commissario mangia. Per un attimo allontana tutti i pensieri. Sente solo il sapore delle olive e il profumo delle *erbe*. Quando finisce, paga il conto ed esce. Va direttamente al commissariato. Sale nel suo ufficio e si siede alla scrivania. Ripensa per un attimo a tutta la situazione.

Più persone sono intorno a questa storia. Tutti loro potrebbero volere che l'*Istrice* non partecipi alla *gara*. La *Lupa*, per esempio, sua nemica. Ma anche la *contrada* dell'*Oca*. Dopo l'*Istrice* ha il cavallo più forte. Mentre Martini riflette, squilla il telefono.

"Pronto, sono Cesare Rossi."

"Ah, Cesare, dimmi pure!"

"Chiamo solo per dire che il cavallo può partecipare alla corsa. Il

veterinario lo ha visitato. Per fortuna sta bene."
"Sono molto contento per voi", dice Martini.
"Ha scoperto qualcosa?", chiede Cesare.
"Non ancora."
"Per favore ci faccia sapere qualcosa! Adesso La saluto."
"Ciao, Cesare." Martini *stacca* il telefono. Si alza e cammina un po' per la stanza. Mentre passa davanti alla finestra vede che nella piazza c'è di nuovo gente. Fra alcune ore ci sarà la terza *prova*. Lui sarà lì con i suoi uomini.

Si siede di nuovo alla sua scrivania e lavora ancora un po'. Non riesce a concentrarsi, però. Poi, finalmente, finisce il suo lavoro. Allora si alza, prende il cappello e la giacca ed esce. Conti e Bianchi si preparano per andare con lui.

"Gli altri sono già sul posto, Commissario", lo informa Conti.

Quindi i tre uomini escono. Dopo alcuni minuti arrivano nella piazza.

Adesso è piena di gente. I poliziotti passano tra la *folla*.

Si fermano proprio vicino alla *pista*. Da lì vedono tutti i *contradaioli*.

Sono raccolti in piccoli gruppi, ognuno attorno al proprio *fantino*.

Dopo alcuni minuti tutti si preparano. I cavalli e i *fantini* sono già nelle loro posizioni. C'è anche Ulisse, con i colori della *contrada* dell'*Istrice*. Il commissario lo guarda. È proprio un magnifico cavallo.

Si aspetta ancora pochi istanti... poi finalmente si *dà il via*.

Partono! Il cavallo dell'*Oca* è il primo. Ulisse subito dietro... no, adesso è primo! I cavalli fanno il primo giro. Cominciano il secondo. Ulisse è sempre in testa! Ma... oh no!... il *fantino*!... è caduto!

Il commissario si fa avanti per vedere meglio cosa sta succedendo.

Il *fantino* che *cavalcava* Ulisse *rotola* per terra, nella sabbia e rimane fermo, ai lati della *pista*. Non si muove più.

Capitolo 3: Una strana lettera

"Achille! Achille! Mi sente? Mi sente???"

Achille Poggi apre lentamente gli occhi. Attorno a lui ci sono il medico e alcune persone della Croce Rossa. Sente dolori in tutto il corpo. Prova a muovere piano le gambe.

"Faccia piano", gli dice il medico, "adesso La portiamo all'ospedale. Ha bisogno di un controllo." Nel frattempo la *prova* è finita. Il cavallo dell'*Oca* ha vinto di nuovo. Ulisse senza il *fantino* è arrivato secondo. I *contradaioli* dell'*Istrice* sono agitatissimi.

ÜBUNG 7

Übung 7: Lesen Sie weiter und ordnen Sie die Buchstaben in Klammern zu einem sinnvollen Wort!

"La (1. aadtcu) _____ di Achille ha frenato il

(2. alolavc) _____", dice Cesare Rossi. "Adesso

siamo nei guai. Se il nostro (3. iotnnaf) _____ non

può più correre, la nostra contrada non potrà (4. ipparretace)

_____ alla gara."

Il fantino viene portato all' (5. posdeela) _____. Carlo

Cecchi e Cesare Rossi vanno con lui. Intanto Martini si avvicina al

cavallo. Ci sono Filippo e suo (6. redap) _____, che si

occupano dell' (7. laanime) _____.

Ulisse beve e intanto il ragazzo lo *spazzola*.

Il commissario osserva da vicino il cavallo e si accorge che... la

50

briglia è rotta! Chiede a Filippo di toglierla. Il ragazzo velocemente fa quello che ha detto il commissario. Martini prende in
mano la *briglia* ed esamina attentamente il punto in cui è rotta.

"Non si è rotta!", dice poi Martini, "è stata tagliata."

Intanto arrivano anche Conti e Bianchi. Anche loro guardano la
briglia. È facile capire che effettivamente è stata tagliata. Probabilmente con un coltello.

"Qualcuno che non appartiene alla *contrada* si è avvicinato al
cavallo, prima della corsa?", chiede il commissario.

"No, qui c'eravamo solo noi della *contrada*", risponde Filippo, "io,
mio padre, Cesare e Carlo. Quando abbiamo messo la *briglia* era
perfetta. Poi è arrivato Achille. Ma nessuno era qui attorno."

"Però Luca, Luca Cecchi è venuto!", interviene il padre di Filippo.
"Ha portato le chiavi di casa a suo padre. Poi si è avvicinato al
cavallo. Lui adesso fa parte degli *animalisti*. Magari è stato lui.
Magari è lui che sta facendo tutto questo! E poi ho visto che litigava
con suo padre, in quell'angolo. Questo ragazzo è una *vergogna* per
la nostra *contrada*!"

"Queste *accuse* sono molto gravi! Oggi un uomo poteva morire",
dice Martini. Intanto Conti, che ha ascoltato tutto, si avvicina al
commissario e piano gli dice: "Commissario, magari chi ha *provo-
cato* l'*incendio* e questo incidente non sono la stessa persona."

"Invece, Conti", risponde Martini, "secondo me questi due incidenti hanno un unico *colpevole*. Perché, altrimenti, sempre la *contrada* dell'*Istrice*? È evidente che c'è qualcuno che cerca di elimi-
narla dal *Palio*."

Quando Martini e gli altri poliziotti lasciano la piazza, è già molto
tardi. La notte è scesa sulla città.

Il commissario Martini attraversa le piccole vie e arriva a casa.
Sono circa le undici. Sua moglie è davanti alla televisione.

51

"Ho saputo cosa è successo oggi. La situazione, allora, diventa difficile. Avete scoperto qualcosa?", chiede la donna.

"Purtroppo non ancora. Ma domani mattina, per prima cosa, voglio andare a parlare con Carlo Cecchi. Tutta questa storia di suo figlio e degli *animalisti* mi fa pensare. Voglio capire meglio."

Poi, Martini va a fare una doccia. Si sente molto stanco. È anche molto preoccupato. Ha paura che succedano altri incidenti.

! Übung 8: Steigern Sie die folgenden Adjektive und Adverbien!

1. bello   *bellissimo*

2. piccolo   _____

3. difficile   _____

4. stanco   _____

5. tardi   _____

6. preoccupato   _____

7. bene   _____

Quando finisce, va in cucina. Beve una limonata fresca e poi va a letto. Prima di dormire, cerca di leggere alcune pagine del libro che sua figlia gli ha regalato per Natale. Ma dopo tre righe si addormenta. Dorme profondamente per tutta la notte. Quando si sveglia, la mattina dopo, si alza in fretta. Si veste ed esce senza fare colazione. Quando telefona al commissariato per *avvertire* dei suoi programmi, gli dicono che Achille Poggi oggi correrà. Sta meglio, quindi ha deciso di partecipare.

Adesso si dirige direttamente verso la *contrada* dell'*Istrice*. Mentre cammina veloce, guarda per un attimo lontano, verso le colline del *Chianti*. Sembrano grandi braccia verdi attorno alla città.

Quando arriva nella *contrada*, ci sono bandiere colorate appese a tutte le finestre: bianco, rosso, nero e blu sono i colori dell'*Istrice*. Martini va direttamente a casa di Carlo Cecchi. Suona il *campanello* e dopo alcuni secondi la porta si apre.

"Buongiorno, Commissario", dice la donna sorpresa. "È successo qualcosa?", chiede preoccupata.

"Buongiorno, signora Cecchi. Non si preoccupi, è tutto a posto. Vorrei solo parlare con Carlo. È in casa?"

"No, è andato presto al negozio. E poi alle nove c'è la quarta *prova*. Sicuramente andrà in piazza a vederla."

"E Suo figlio? Anche lui è fuori? Posso trovarlo al negozio?"

"Magari!", risponde la donna con tono *rassegnato*. "No, Luca è all'università. E comunque, non va quasi mai al negozio. Proprio per questo lui e suo padre litigano sempre. Luca proprio non ne vuole sapere di occuparsi del negozio. Lui pensa solo allo studio. Io sono d'accordo con lui. Ma da quando è entrato nel gruppo degli *animalisti*, in casa nostra non c'è più pace! Continua a dire che il *Palio* è crudele. Che i cavalli soffrono... Si immagini mio marito! Lei lo conosce. È impazzito."

"Infatti volevo proprio parlare di questo con Carlo. Non voglio preoccuparLa, ma dopo questi incidenti gira la voce che Suo figlio possa *essere coinvolto*."

"Commissario, mio figlio è un bravo ragazzo. Lei lo conosce."

"Signora Cecchi, stia tranquilla. Sono sicuro che c'è una spiegazione. Ma questo è il mio lavoro. Purtroppo devo tener conto di tutto e di tutti. A volte anche delle persone *insospettabili*."

Il commissario saluta la signora Cecchi. Riprende a camminare. Si ferma di fronte al negozio di Carlo Cecchi. Guarda dentro, attraverso il vetro. Non c'è nessuno. Come ha detto sua moglie, sicuramente è già in piazza per non perdere l'inizio della *prova*.

Dunque Martini va nella piazza. La *prova* è appena cominciata. Le *urla* della gente *risuonano* nell'aria. Il commissario cerca di capire cosa succede, ma è troppo lontano. Si avvicina. Finalmente vede qualcosa e proprio in quel momento... Ulisse vince! Sì, Ulisse vince la quarta *prova*. I *contradaioli* dell'*Istrice* esultano! Per fortuna questa volta tutto va bene. Il commissario cerca con lo sguardo Carlo Cecchi. Poi lo vede. Va da lui e gli dice: "Allora Cecchi, finalmente, tutto bene."

Cecchi sembra preoccupato: "Speriamo di continuare così. Ho paura di altri incidenti."

"Senti, hai un momento? Volevo parlarti proprio di questo!"

"Cosa succede?", risponde Cecchi, "qualcosa non va?"

"Sai, dopo l'*incendio* e l'incidente al *fantino*, girano delle voci. Molti pensano che tuo figlio *sia coinvolto* in questa storia. Ieri sera lo hanno visto vicino al cavallo, prima dell'incidente. Poi so che fra voi due ci sono problemi, ultimamente..."

"Ma cosa dici? Mio figlio non farebbe mai una cosa del genere. È vero, ultimamente litighiamo spesso. Io non sono d'accordo con la storia degli *animalisti*, ma questo non c'entra. Non capisco perché non andate dai veri *colpevoli*. Perché non chiedete a Barbini e agli altri della *Lupa*, invece di perdere tempo con le persone sbagliate! Adesso devo tornare al negozio, non ho più tempo da perdere."

Il commissario rimane *stupito* dalla reazione di Cecchi. Lentamente si fa strada tra la gente ed esce dalla piazza. Deciso a parlare anche con Luca Cecchi, va verso l'università. Appena arrivato, lo trova lì, con un gruppo di altri giovani. Lo chiama e aspetta in un angolo. Dopo alcuni istanti il ragazzo arriva.

"Buongiorno, Commissario, posso aiutarLa?"

"Buongiorno, Luca. Mi dispiace disturbarti, ti rubo solo qualche secondo, ma vorrei chiederti alcune cose."

"Mi dica pure, ho ancora un po' di tempo prima della prossima lezione."

Übung 9: Lesen Sie weiter und finden Sie ein sinnvolles Synonym für die in Klammern angegebenen Wörter!
(tagliare, associazione, gara, ferma, strano, problemi, chiede, notato, tradizione, pensa)

"Ieri sera, quando sei andato da tuo padre, prima della (1. corsa)

_____, hai (2. visto) _____ qualcosa di

(3. insolito) _____? Sai che il fantino ha avuto un

incidente, subito dopo?"

"Senta, Commissario, so che qualcuno (4. crede) _____

che sia stato io a (5. rompere) _____ la briglia.

Ma Le giuro che non è così. Mi sono avvicinato al cavallo perché

mi piacciono gli animali. Ecco perché sono entrato a far parte di

un' (6. organizzazione) _____ animalista. Ma questo

non c'entra con tutto il resto. Mio padre tiene molto alla (7. usanza)

_____ del Palio, ma io no. Lui pensa solo a

quello e io non capisco... con tutti i (8. difficoltà) _____

che abbiamo in questo momento..." Poi Luca si (9. interrompe)

_____.

"Che problemi?" (10. domanda) _____ il commissario.

"Senta, Commissario, queste sono cose di famiglia... non mi va di parlarne in giro."

"Luca, comincia la lezione, dobbiamo andare!", urlano i ragazzi dall'altra parte del *cortile*.

"Devo andare. Arrivederci."

Luca corre dai suoi amici.

Martini esce dall'università e *si incammina* verso il centro.

Arriva al commissariato. Tutto sembra molto tranquillo. Conti e Bianchi bevono un caffè. Ne offrono uno anche a lui. Discutono un po' sulle ultime novità e come organizzarsi per domani. Ormai mancano poche ore al grande giorno.

Domani tutta Siena sarà *immersa* nell'evento atteso per tutto l'anno.

Übung 10: Bilden Sie die richtige Pluralform!

1. l'università   _____

2. il centro   _____

3. il caffè   _____

4. la novità   _____

5. l'ora   _____

6. il giorno   _____

7. l'evento   _____

8. l'anno   _____

9. la famiglia   _____

10. la lezione   _____

Poi un poliziotto entra e dice: "Commissario, mi scusi, c'è il signor Cecchi. Vuole parlare con Lei."

"Sì, arrivo subito", risponde Martini mentre si alza. Quando il commissario entra nella stanza, Carlo Cecchi lo guarda preoccupato. "Carlo, cosa succede?"

"Commissario, guardi questa. L'ho trovata poco fa sotto la porta del negozio." Cecchi *porge* una busta al commissario e intanto si siede sulla sedia.

"Vediamoci stasera alle undici, alla fabbrica *abbandonata*, per *regolare i conti*. Vieni, se vuoi evitare altri incidenti alla tua *contrada*! E non cercare di *fare il furbo*, non dire niente alla polizia", legge il commissario. Poi aggiunge: "Ma stasera c'è la cena delle *contrade*. Hai un'idea su chi ti ha mandato questa lettera?"

"No, ma lo scoprirò stasera. Ho intenzione di andare a questo appuntamento. Questa storia e queste *minacce* devono finire", risponde Cecchi.

"Dunque verrò anch'io. Finalmente scopriremo chi è il responsabile di tutto ciò." Carlo Cecchi lascia il commissariato. Fra circa un'ora ci sarà la *prova* generale e poi ancora la cena della *contrada*. Il commissario e i suoi uomini, intanto, si preparano. Anche loro devono assistere alla *prova* per mantenere l'ordine.

La *gara* si svolge senza problemi, questa volta. Per tutto il tempo, Martini pensa alla lettera che Carlo Cecchi ha ricevuto. Si chiede chi può averla mandata...

Ma non c'è tempo per pensare troppo. Adesso che la *prova* è finita, devono organizzarsi per la cena delle *contrade*.

Tutti gli anni, dopo la quinta *prova*, ogni *contrada* si riunisce per fare una grande cena. Di solito, la polizia gira per i *quartieri*. Infatti in queste serate, prima del *Palio*, può sempre succedere che fra i *contradaioli* ci sia una *lite*. Sono tutti troppo eccitati per la grande giornata. Si perde un po' il controllo in giorni come questi.

! ÜBUNG 11

Übung 11: Übersetzen Sie und lösen Sie das Rätsel!

1. Probe ☐ _ _ _ _
2. sich vorbereiten _ _ _ _ _ _ ☐ _ _ _ _
3. Ordnung ☐ _ _ _ _ _
4. verantwortlich _ _ _ _ _ _ _ _ ☐ _ _ _
5. Streit ☐ _ _ _ _ _
6. denken _ _ ☐ _ _ _ _ _
7. Verabredung _ _ _ _ _ _ _ _ ☐ _ _ _ _
8. Viertel _ _ _ _ _ _ ☐ _ _ _

Lösung: _ _ _ _ _ _ _

È già tardi quando tutti tornano a casa. Tutti tranne Cecchi.

Il commissario Martini lo vede da lontano e va verso lui.

Poi insieme *si incamminano* per raggiungere la vecchia fabbrica *abbandonata*. Conti e Bianchi, con la macchina, li seguono da lontano. Non c'è nessuno quando arrivano.

Martini aspetta in un angolo. Nascosto dietro un albero. Carlo Cecchi, invece, va un po' più avanti. Si ferma proprio davanti al *cancello* dell'edificio *abbandonato*. È buio tutto intorno. C'è un *lampione*, ma la sua luce è debole. Basta solo ad illuminare il punto in cui Cecchi si è fermato.

Ad un certo punto, un uomo viene fuori da un lato della fabbrica. È troppo buio, quindi non si vede la sua faccia. Si vede però che è alto e robusto. Il commissario rimane ancora nascosto nel suo angolo.

Poi quando l'uomo si avvicina, Martini non crede ai suoi occhi! L'uomo che viene verso di loro è Matteo Barbini!

Questo si ferma davanti a Cecchi e con *aria di sfida* gli dice:

"Allora vogliamo risolvere questa questione, o no?"

Subito Martini viene fuori. Tiene la pistola dritta davanti a sè e dice: "Fermo Matteo! Ho sentito abbastanza. Non c'e niente da risolvere. Mi dispiace, devi venire con me." Matteo Barbini guarda il commissario con aria strana. Sembra sorpreso.

"Alberto, aspetta, c'è un errore! No... non è come pensi! Lui vuole *incastrarmi*!", urla Barbini mentre punta un dito verso Cecchi. Martini lo *perquisisce* e in una tasca trova un coltello.

"Lo sapevo che c'eri tu dietro tutta questa storia", aggiunge Cecchi. Improvvisamente, Matteo Barbini si lancia verso Cecchi. Proprio in quel momento, però, arrivano Conti e Bianchi.

Afferrano l'uomo e lo portano alla macchina. Matteo Barbini continua a protestare. I due poliziotti partono. Martini e Cecchi, invece, rimangono lì ancora per qualche minuto.

"Non credevo che Barbini fosse capace di fare tutto questo", dice piano il commissario. Carlo Cecchi lo guarda senza rispondere. Poi i due uomini *si incamminano* per tornare in città. In silenzio.

Capitolo 4: Il grande giorno

"Vi ho già detto mille volte che non sono stato io!", dice forte Barbini.

"Negare non ti aiuta, Matteo", risponde il commissario Martini.

"Non ho mandato io quella lettera a Carlo Cecchi! Perché non mi credete?"

"Allora perché eri lì ieri sera?"

"Vi ho già detto come sono andate le cose! Cecchi, ieri pomeriggio è venuto da me e mi ha detto di incontrarci la sera per *regolare i conti*!"

"Perché avevi questo coltello con te?"

"Per difendermi! Avevo paura che Carlo Cecchi non fosse da solo!"

Martini si avvicina alla finestra. Sono solo le sei del mattino, ma nell'aria si può già sentire qualcosa di diverso. La città comincia a svegliarsi: è il grande giorno.

Il commissario guarda di nuovo Matteo Barbini.

Poi il telefono squilla... Conti risponde: "Sì, sì è qui, solo un attimo." Il poliziotto dà il telefono al commissario: "È Cesare Rossi, vuole parlare con Lei."

Il commissario prende il telefono: "Cesare, dimmi. Ma come! Non è possibile! Sì, arrivo. Va bene." Il commissario mette giù il telefono e guarda Conti... poi Matteo Barbini: "Il *fantino* dell'*Istrice*... ha appena ricevuto una *minaccia*..."

Il commissario Martini cammina con passo veloce. L'aria del mattino è fresca. Dalle colline *spunta* ancora solo un pezzetto di sole. La pensione dove *alloggia* Achille Poggi non è lontana dalla piazza.

Quando il commissario arriva, trova tutti nella piccola saletta della pensione. Il *fantino* è molto nervoso, ma cerca di nascondere il suo stato d'animo. Cesare Rossi cammina per la stanza e brontola qualcosa a voce bassa. Carlo Cecchi è in un angolo, su una sedia e sembra molto *pensieroso*. Martini si avvicina ad Achille Poggi: "Signor Poggi, può dirmi, per favore, cosa è successo?"

L'uomo si alza, va vicino al tavolo e prende un bicchiere d'acqua. Beve due sorsi e poi comincia a raccontare:

"Mi sono alzato presto, verso le sei. Ho fatto una doccia. Poi, dopo alcuni minuti, è arrivata una telefonata. Ho risposto. Una voce dall'altra parte diceva: 'Sembra che non hai ancora capito. Questa è la tua ultima possibilità per ritirarti. Non peggiorare la situazione'. Poi ha *staccato*." Cesare Rossi si ferma, guarda Martini e dice: "Commissario, ormai sappiamo che è stato Barbini!"

"Matteo Barbini è rimasto al commissariato tutta la notte. Quando hai telefonato lo stavo interrogando."

Martini si gira verso Achille Poggi: "Cosa pensa di fare?"

"Io parteciperò alla corsa, oggi!", risponde deciso l'uomo.

"Non è la prima volta che ricevo delle *minacce*. Faccio questo lavoro da molti anni. Hanno provato a corrompermi e spaventarmi molte volte. Ma io non *mi arrendo*! Queste persone contano su di me, non posso *deluderle*!" Il *fantino* si gira verso i *contradaioli* e continua: "State tranquilli, *andrò fino in fondo*. La vostra *contrada* vincerà!"

Martini, allora, prende il telefono e chiama il commissariato:

"Conti, sono Martini. Ho bisogno di avere la lista delle telefonate arrivate alla pensione 'Rigetti', da mezzanotte ad ora, per favore. Intanto tu e Bianchi organizzate una squadra. Voglio uomini ad ogni angolo della piazza. *Tenete* anche *d'occhio* gli *animalisti*. Dobbiamo proteggere il *fantino*. Ci vediamo tra mezz'ora in piazza."

Achille Poggi si alza, indossa la giacca della sua divisa con i colori della *contrada*. Si mette il cappello ed esce. Tutti gli altri lo seguono.

Übung 12: Achilles Aussagen sind ein wenig durcheinander geraten. Bringen Sie die Wörter in die richtige Reihenfolge!

1. doccia   fatto   ho   una

_____

2. hai   non   sembra   ancora   che   capito

_____

3. che   volta   prima   è   ricevo   non   minacce   la   delle

_____

4. lavoro   faccio   anni   questo   da   molti

_____

5. mi   ma   non   io   arrendo

_____

6. contrada   vincerà   la   vostra

_____

La grande campana della torre suona. Ha inizio la "*Messa del Fantino*". I *fantini* e i capitani delle *contrade* sono in prima fila. Intorno ci sono tutti gli altri. Dietro, l'imponente *palazzo comunale* con la sua torre. L'*arcivescovo benedice* gli uomini e i cavalli.

Si comincia a sentire nell'aria una strana atmosfera...

Il commissario Martini e i suoi uomini sono lì. Controllano la situazione e soprattutto non perdono di vista il *fantino*.

La *folla*, ora, si sposta. Tutti si preparano per l'ultima grande *prova* o "provaccia", come viene chiamata. In realtà, questa è una *prova* molto tranquilla. I cavalli non devono stancarsi troppo e neanche rischiare di farsi del male.

Infatti, tutto si svolge senza problemi e già alle dieci i *fantini* si preparano per la cerimonia ufficiale, nel *palazzo comunale*. Riuniti in una sala, il *sindaco*, i capitani e i *fantini* leggono ancora una volta il regolamento del *Palio*. I *fantini* presentano il loro *giubbetto* con i colori della *contrada*. Infine ognuno di loro dice il proprio *soprannome*. Ecco! Da adesso il *fantino* non può più essere sostituito! Neanche se si fa del male! Cominciano ore di attesa per tutti. La gente *invade* il centro storico. Non si vuole perdere neanche un minuto di questa giornata speciale.

Il commissario Martini decide di lasciare Bianchi con Achille Poggi. Nel frattempo lui torna al commissariato.

Conti, seduto alla sua scrivania, sta controllando alcuni fogli: "Dopo che Matteo Barbini è andato via ho chiamato la società telefonica, Commissario. Mi hanno inviato un fax con la lista di tutte le telefonate. Guardi!" Martini prende il foglio e legge. "Dunque, l'ultima telefonata della sera è arrivata alle undici... Ecco! Alle sei e dieci di stamattina! È questa! Mmm... è stata fatta da un telefono pubblico... in via Rinaldini, è proprio vicino alla piazza. Conti, per favore, mandi subito qualcuno a prendere le *impronte digitali*."

Nel frattempo la campana suona di nuovo. Questa volta, per ricordare a tutti che bisogna prepararsi per il "*Corteo Storico*".

Il commissario Martini riflette per un attimo, cerca di *raccogliere* nella sua testa tutto quello che è successo negli ultimi giorni. Poi prende la sua giacca, il suo cappello ed esce.

Le strade sono piene di gente, tutti cercano un punto buono, da dove vedere il grande *Corteo Storico*. Ognuno ha una *contrada* nel cuore e porta i suoi colori.

L'attesa è grande! Poi qualcuno dice: "Ecco! Arriva!"

E finalmente si vedono! I *trombettieri*, gli *sbandieratori*, i *tamburini*, i *musici*, i *paggi*... tutti in costumi *medievali*. Poi ancora i rappresentanti delle *contrade*, i *fantini* e i cavalli. Ci sono tutti. La *contrada* della *Lupa*, con il suo capo Matteo Barbini. L'*Oca*, il *Bruco*, la *Chiocciola* e tutte le altre. Ecco arriva la *contrada* dell'*Istrice*. Achille Poggi sembra tranquillo. Accanto a lui, Filippo accompagna Ulisse. Subito dopo Cesare Rossi, poi Carlo Cecchi e gli altri rappresentanti della *contrada*. Il corteo passa e si dirige verso Piazza del Campo. Il commissario lo segue. Quando tutti si sistemano, lui cerca di raggiungere Cesare Rossi e gli altri.

"Ah, Cesare. Tutto a posto?", chiede il commissario.

"Sembra di sì. Fino ad ora non ci sono stati problemi."

"Dov'è Carlo? Non lo vedo!", chiede ancora Martini.

"Era qui, solo un minuto fa. Ma probabilmente è andato al club, ha detto che doveva ancora prendere delle bandiere."

"Bene, io rimango qui attorno."

Il commissario si guarda un po' in giro quando all'improvviso sente: "Buongiorno, Commissario! Ci rivediamo!"

Martini si gira. È Ferrari, il giornalista dell'altro giorno.

"Buongiorno. Mi scusi, ma sto lavorando. Non ho tempo per parlare in questo momento", dice subito Martini *infastidito*.

"Ma ho qualcosa di interessante per Lei..."

"Cosa vuol dire?"

"Ho una proposta da farLe. Ho sentito che stamattina il *fantino* della *contrada* dell'*Istrice* ha avuto problemi... vorrei sapere qualcosa in più per il mio articolo, insomma."

"Mi dispiace ma non sappiamo niente di sicuro, quindi non possiamo dire ancora niente", risponde *spazientito* Martini.

"Magari qui ho qualcosa che può farLe cambiare idea!"

Il giornalista tira fuori una foto. Il commissario cerca di guardarla, ma l'uomo la nasconde dietro la schiena e dice: "Prima la notizia sul *fantino*..."

"Se Lei ha delle informazioni utili per la polizia ha il dovere di *consegnarle*!", ordina il commissario.

"Va bene, va bene", risponde l'uomo, "cerco solo di fare il mio lavoro." E dà la foto al commissario.

! *Übung 13: Übersetzen Sie folgende Sätze!*

1. Bis jetzt hat es keine Probleme gegeben.

_____

2. Vor einer Minute war er hier.

_____

3. Ich habe in diesem Moment keine Zeit zum Reden.

___

4. Aber vielleicht habe ich etwas Interessantes für Sie.

___

5. Ich mache Ihnen einen Vorschlag.

___

6. Es tut mir leid, aber wir wissen noch nichts Sicheres.

___

Nella foto si vede Carlo Cecchi davanti al suo negozio che parla con un uomo. Lui non ha mai visto quell'uomo.
"Stamattina presto, ero da quelle parti", racconta il fotografo, "cercavo qualche *scoop* per il mio articolo. Poi ho visto il signor Cecchi che usciva dal suo negozio con quell'uomo. Si guardava attorno preoccupato. Poi io *ho scattato* questa *foto*. Lui mi ha visto e ha reagito male, mi ha *inseguito*, voleva prendermi la macchina fotografica. Ma io sono riuscito a scappare." Il commissario comincia a riflettere. Gli vengono in mente alcune cose a cui non aveva pensato. Saluta il fotografo, lo ringrazia per l'informazione e si allontana tra la gente. Va da uno dei suoi uomini, in un angolo della piazza. Gli fa vedere la foto: "Vai al commissariato e cerca di scoprire chi è quest'uomo. Fai in fretta, può essere importante e non abbiamo molto tempo!"
Poi Martini telefona a Bianchi, che deve proteggere il *fantino*.
"Bianchi, tutto bene lì? Il *fantino* sta bene?"
"Commissario, qui tutto bene. Il *fantino* sta bene, si sta preparando per la *gara*", risponde Bianchi.
"Ma adesso dov'è? È lì con te?", chiede ancora Martini.

"Era qui un minuto fa. Poi è arrivato Carlo Cecchi. Sono andati un attimo qui dietro dal cavallo, dovevano vedere se tutto è a posto."

"Bianchi, vai subito a vedere, vai subito da loro, io sto arrivando, sono qui vicino!"

Bianchi non capisce l'agitazione del commissario Martini. Comunque passa tra la gente e cerca di arrivare ai box dei cavalli. Intanto Martini arriva. Va direttamente dietro, vicino ai box dei cavalli e trova Bianchi un po' confuso. "Ah Commissario, è già qui! Ma non so dove sono finiti questi due. Avevo raccomandato loro di non allontanarsi, di rimanere qui. Ero tranquillo perché il *fantino* era con Carlo Cecchi!"

"Dobbiamo trovarli subito, Bianchi!"

I due uomini cominciano a cercare. Bianchi da una parte, Martini dall'altra. Chiedono agli uomini che si occupano dei cavalli, ma nessuno sa dove siano andati.

Ad un certo punto il commissario va a guardare nella piccola *tenda*, sistemata in un angolo, dove di solito si tiene il materiale per la *gara*. Entra. Carlo Cecchi ha in mano un bicchiere e una bottiglia di vino. Anche Achille Poggi tiene un bicchiere e sta per bere.

"Fermo, Achille! Non beva!"

Il *fantino* si ferma e guarda il commissario senza capire. Carlo Cecchi invece scappa. Esce dal retro della piccola *tenda*. Martini cerca di bloccarlo, ma lui riesce lo stesso a passare. Appena esce dalla *tenda*, però, un *pugno* violento lo *colpisce* in faccia. Carlo Cecchi cade per terra e rimane là, *svenuto*. Il commissario esce dalla *tenda*. Cesare Rossi è lì e guarda Carlo Cecchi per terra: "Traditore. Non posso crederci. Era un po' che lo *tenevo d'occhio*. Negli ultimi tempi era cambiato, si comportava in modo strano."

Nel frattempo arriva il poliziotto, che il commissario aveva mandato al commissariato per cercare informazioni.

"Commissario", dice il poliziotto, "l'uomo nella foto è uno che organizza *scommesse clandestine*. Abbiamo scoperto che Carlo Cecchi aveva fatto una *scommessa*. Da circa quattro mesi ha gravi problemi. È pieno di *debiti*. *Aveva puntato sul* cavallo dell'*Oca*!"

"Ma perché non *puntare su* Ulisse?", chiede Cesare Rossi, "il nostro cavallo è il più forte!"

"Perché tutti lo sanno, e sicuramente tantissime persone *hanno puntato su* Ulisse. In caso di vittoria i soldi vinti sarebbero stati troppo pochi. E il nostro Carlo Cecchi invece aveva bisogno di molti soldi per i suoi *debiti*!"

"Dovrà spiegare molte cose... poteva *uccidere* un uomo! Ha tagliato le *briglie* il giorno della *prova*, ha dato fuoco alla stalla e ha scritto una falsa lettera per far cadere la colpa su Matteo Barbini."

"Ci ha *traditi*! Si è messo contro la sua stessa *contrada*! E poi ha fatto anche una *scommessa*! Un vero *contradaiolo* non fa mai *scommesse*! Siamo troppo *superstiziosi*!"

Übung 14: Beantworten Sie die Fragen zum Text!

1. Perché i contradaioli di solito non fanno scommesse?

_____

2. Come ha fatto Cecchi a far cadere la colpa su Matteo Barbini?

_____

3. Perché Carlo Cecchi ha bisogno di molti soldi?

_____

4. Perché Carlo Cecchi non ha puntato su Ulisse?

_____

5. Chi ha colpito Carlo Cecchi con il suo pugno?

_____

6. Chi è l'uomo sulla foto insieme a Carlo Cecchi?

_____

Carlo Cecchi viene portato via.

Ma non c'è tempo adesso! Il *Palio* sta per cominciare!

Nell'aria centinaia di fazzoletti con i colori delle *contrade*, le note dell'*inno* del *Palio* riempiono l'aria. Poi finalmente il *carro* entra nella piazza. Porta il *Palio*, il premio, un *drappo* di seta dipinto.

La *folla* urla, si riscalda. Le bandiere sventolano un'ultima volta. Poi un silenzio *improvviso* scende sulla piazza.

L'attesa diventa paura. La campana non suona più. *Si trattiene il respiro*. E poi, ecco, i cavalli e i *fantini* con gli splendidi colori delle *contrade*! Vanno lentamente verso le loro posizioni.

Un silenzio *improvviso* indica che i cavalli sono pronti.

Poi un *rullo di tamburo* e infine il via! La *folla* esplode... il cavallo del *Bruco* è primo... poi si avvicina quello dell'*Oca*... secondo giro... un *fantino* cade... ora Ulisse è secondo... comincia il terzo giro... oh no... quello dell'*Oca* lo raggiunge! Ma... arriva, arriva! Sì! Ulisse ha vinto!

I *contradaioli* dell'*Istrice* impazziscono! Portano sulle spalle il *fantino* e abbracciano il cavallo... vanno alla Basilica di Santa Maria per ringraziare la Beata Vergine della vittoria, poi andranno a festeggiare per tutta la notte. Il commissario Martini si allontana dalla piazza ancora piena di gente. Mentre cammina, il suo telefono squilla. È Conti. Il poliziotto spiega al commissario che Cecchi ha confessato. Il vino che aveva offerto al *fantino* conteneva una forte sostanza che *provoca crampi* allo stomaco. Inoltre le *impronte digitali* trovate sulla cabina erano le sue. Martini andrà

68

domani al commissariato per interrogare ancora Cecchi. Ma ora si dirige verso casa. È sera e lui *si gode* il silenzio delle stradine di Siena, di quella città speciale, dove sembra di tornare indietro nel tempo, dove sembra di sentire ancora il rumore di centinaia di *zoccoli* di cavalli. E nobili cavalieri con *armature* brillanti. E una *folla* con migliaia di bandierine colorate e poi strani nomi... *Bruco*, *Oca*, *Tartuca*...

DELITTO E CAFFÈ
Daniela Ronchei

Capitolo 1: Il circolo del caffè

"Vai via di qui! Via ho detto!"

Uush! Niente da fare, la mosca continua a volare tranquillamente sopra alla testa della signorina Armida Costanzo. La signorina Costanzo però non è certo un tipo che *si arrende* alla prima difficoltà!

Capelli grigi, *nubile* e sulla sessantina, la signorina Costanzo sta finendo di *apparecchiare la tavola* per il solito caffè del giovedì pomeriggio. Una volta alla settimana, infatti, invita delle amiche, che abitano anche loro nella stessa strada, per discutere degli ultimi *avvenimenti* del *quartiere*. Da due settimane il tema delle discussioni è sempre lo stesso: l'*omicidio* del dottor Raimondi. Gualtiero Raimondi, un anziano industriale che viveva nell'appartamento al piano di sopra, è stato trovato morto, ucciso con due *colpi di pistola* proprio due settimane prima.

"Bene, brava, continua così! Come voli sul tavolo sei finita, cara mia, te lo assicuro!"

Armida si nasconde dietro alla porta, con un giornale in mano, attenta a non fare il più piccolo rumore per prendere di sorpresa l'insetto.

Uush! Niente da fare! La mosca vola via.

"Sì, sì! Vattene via! E non farti più vedere!"

Armida deve sedersi un momento per *prendere fiato* e per asciugarsi il sudore dalla *fronte*. La signorina Costanzo infatti non è più tanto giovane e in quest'estate caldissima anche una semplice "*caccia alle mosche*" è per lei una fatica terribile.

Dopo una breve pausa, Armida esce sul balcone e osserva gli insetti che danzano nell'aria. Dal suo appartamento al quinto piano di un elegante palazzo del XIX secolo riesce a vedere tutto il centro di Milano.

Oggi però si fa fatica anche a respirare. Solo le mosche sembrano essere ancora in grado di muoversi. E sembrano amare particolarmente anche i dolci posti sul tavolo del salotto da Armida Costanzo!

Armida guarda la tavola apparecchiata e *pensa tra sé e sé*: Anche oggi siamo solo in quattro. Chissà quando tornerà Lidia!

Lidia Persichetti, da anni una cara amica di Armida, ora si trova in prigione, accusata dell'*omicidio* del vecchio dottor Raimondi.

Proprio oggi poi i carabinieri avevano *tolto i sigilli* all'appartamento. Tutte le signore del palazzo avevano assistito emozionate all'arrivo delle forze dell'ordine e avevano seguito con grande attenzione tutte le operazioni.

Übung 1: Schreiben Sie die folgenden Zeitangaben in Ziffern!

1. Sono le tre e un quarto del pomeriggio. _____

2. È mezzanotte. _____

3. Sono le sei e mezzo del pomeriggio. _____

4. Sono le otto meno venti del mattino. _____

5. Sono le dieci in punto del mattino. _____

6. È l'una e venticinque del pomeriggio. _____

Puntuali come sempre, tutte le amiche di Armida erano arrivate per le cinque del pomeriggio e avevano cominciato a bere il caffè, a mangiare i dolci e, naturalmente, a chiacchierare del più e del meno.

"Adesso l'*amministratore* sarà contento! Finalmente può cominciare i lavori per rinnovare l'appartamento!", dice Jole prendendo una *fetta* di torta di fragole.

"Ma tu credi davvero che sarà facile trovare qualcuno che vuole andare ad abitare proprio lì?"

"Chissà cosa avranno usato per pulire le macchie di sangue? Sarà difficile affittare l'appartamento se sono rimaste delle *tracce* di sangue!", afferma Luciana e aggiunge ancora un paio di cucchiaini di zucchero al suo caffè.

"Ma secondo voi è stata davvero Lidia? A me sembra proprio impossibile", conclude *pensierosa* Armida.

La signorina Armida e la sua amica Lidia si conoscevano da più di quarant'anni, da quando Lidia, giovanissima, aveva cominciato a lavorare per il dottor Raimondi. Proprio con lei aveva avuto inizio, tanti anni prima, la "tradizione" del caffè del giovedì pomeriggio. Ad Armida quella ragazza venuta dalla campagna per occuparsi di una persona tanto cattiva e prepotente come Gualtiero Raimondi era stata subito simpatica. L'amicizia tra le due donne era diventata ancora più profonda dopo la morte della moglie del dottore, Gabriella, avvenuta in un incidente stradale poco tempo dopo.

Anche se il dottor Raimondi non le piaceva per niente, Lidia aveva deciso di continuare a lavorare in quella casa per occuparsi della figlia di lui, Nadia, che era rimasta orfana di madre. Nadia era sempre stata una bambina molto sensibile e attaccatissima alla madre. Dopo la morte di quest'ultima aveva passato un periodo davvero brutto: aveva sofferto molto, anche a causa del *rapporto* piuttosto difficile che aveva con il padre, e aveva dovuto *affidarsi* all'aiuto di uno psichiatra. Lidia non voleva assolutamente lasciarla sola con quel padre tirannico e senza cuore che l'avrebbe senz'altro mandata in un *collegio*. No, questo non se lo *meritava* proprio.

Ora Nadia aveva 32 anni, era sposata e viveva nell'appartamento vicino a quello di Armida, ma Lidia e Armida continuavano a chiamarla affettuosamente "la bambina". Era sempre però molto insicura e prendeva troppo spesso troppe pillole per calmare i nervi. Che fortuna aveva avuto Nadia, però, ad incontrare Giancarlo, suo marito, un uomo che l'adorava e che avrebbe certamente fatto di tutto per lei!

Questo giovedì Armida non riesce proprio a pensare ad altro che alla sua amica Lidia. Sapere che è in prigione, mentre loro sono lì in compagnia, non le dà pace. E poi forse, sotto sotto, c'è anche dell'altro. Non vuole *ammetterlo* nemmeno a se stessa, ma qualche dubbio sulla *colpevolezza* dell'amica ce l'ha. Dopo tutto la polizia non porta in prigione le persone senza nessuna *prova*. Ma come può Lidia, una donna così buona e generosa, essere diventata improvvisamente un'assassina? Certo, tutto è possibile, anche le persone più *insospettabili* possono nascondere dei segreti terribili, e, a dire la verità, negli ultimi tempi Lidia le era sembrata strana e un po' preoccupata...

Armida cerca di allontanare i cattivi pensieri ed interviene nuovamente nella discussione: "Ma senti Luciana, che motivo aveva Lidia per commettere un *omicidio*? Sì, è vero, il dottor Raimondi non è mai stato una persona troppo simpatica, più diventava vecchio, poi, più era cattivo. Gridava sempre e insultava tutti, ma questo non era un valido motivo per *ucciderlo*! E poi, scusa, era così vecchio che, prima o poi, sarebbe morto ugualmente di cause naturali! No, guarda, per me, *qualcosa non quadra*!"

Dopo quest'ultima precisazione Armida decide di calmare per un momento i suoi dubbi con un enorme *bigné* al cioccolato.

Intanto è venuta la sera e le amiche sono tornate a casa. Armida, che ha appena finito di riordinare la cucina e il salotto, prende il sacchetto della *spazzatura* e scende in *cortile* per buttarlo via. Alza gli occhi verso l'alto e vede una luce accesa nell'appartamento di Nadia.

"Povera ragazza ora è qui senza più né il padre né la *tata*. Speriamo solo che non prenda troppe pillole..."

Übung 2: Welches Wort ist das „schwarze Schaf"?
Unterstreichen Sie!

1. bigné, salame, torta di fragola, pasticcini
2. divano, sedia, lavandino, tavolo
3. amare, adorare, piacere, detestare
4. tata, madre, fratello, padre
5. sposato, fidanzato, separato, zio
6. testa, scarpe, fronte, mano
7. parlare, dire, chiacchierare, andare

Alla centrale dei carabinieri, il maresciallo Crovani sta interrogando la principale *indiziata* dell'*omicidio* del dottor Raimondi. Non è la prima volta che il maresciallo interroga Lidia Persichetti. Non sa dire il motivo preciso, ma è convinto che questa donna, piccola di statura e ben curata, gli nasconda qualcosa.

"Va bene, signora Persichetti, perché non confessa di aver commesso l'*omicidio*? Non solo non ha un alibi per la sera del delitto..."

"Beh, ero in casa e stavo guardando la televisione, magari qualcuno mi ha visto dalla finestra..."

"Allora", continua il maresciallo, che stava lentamente perdendo la pazienza, "dicevo, non solo non ha un alibi per quella sera, ma abbiamo anche scoperto nella sua stanza tutta una serie di documenti che *riguardano* l'*istituto per il recupero dei tossicodi-*

pendenti dove si trova attualmente suo nipote."

"Povero ragazzo, è stato proprio sfortunato! È caduto nella *trappola* della droga quando aveva appena 16 anni, ma se riesco a farlo stare ancora sei mesi in clinica sono sicura che *ce la farà*!"

"Appunto, cara signora! Ci sono i *tabulati delle telefonate* fatte da Lei che *confermano* che Lei ha chiamato numerose volte, nel corso delle ultime settimane, l'*amministrazione* della clinica per chiedere una *proroga* per il pagamento."

"Sì, è vero, sa, sono tempi duri, io non *navigo* certo *nell'oro*, devo lavorare per vivere io! Anche la madre di mio nipote Massimo è una semplice *domestica* e la clinica è piuttosto costosa. Magari non siamo troppo puntuali, ma abbiamo sempre pagato tutto noi, sì signore! Non abbiamo *debiti* con nessuno!"

"Non ho dubbi, mia cara signora", dice il maresciallo, "e senz'altro mi può anche spiegare che fine hanno fatto i 50.000 € in contanti che mancano dalla *cassaforte*. E i gioielli? Non erano forse i gioielli di famiglia dei signori Raimondi? Come ben sa, questi gioielli appartenevano alla signora Gabriella, la moglie del dottore. Come sono arrivati nel cassetto del *comò* della Sua camera? Il dottor Raimondi era un uomo molto preciso e aveva preso nota in un libro dell'intero contenuto della *cassaforte*. Ora sono spariti i soldi e i gioielli sono stati ritrovati proprio nella Sua stanza. Non Le sembra strano tutto questo?"

"Dunque, io di tutti quei soldi non ne so proprio niente! Glielo assicuro! Guardi, Le posso dire soltanto che avevo bisogno di denaro per mio nipote e che ho chiesto un *prestito* al dottore. Questo sì, è vero! Lui invece me l'ha rifiutato e ha cominciato ad insultare mio nipote. Ha detto che è una persona debole, un *malato di mente* e che si *merita* di fare una brutta fine. Poi ha cominciato ad insultare anche me e a dirmi che avevo sbagliato tutto anche con sua figlia Nadia, che era infatti diventata una *drogata* come mio nipote! Ero furiosa, lo *ammetto*! Ma i gioielli della povera signora Gabriella non li avrei mai toccati! Mai! Magari è stato il dottor Raimondi a nasconderli nel *comò*, era un po' strano e sa com'è, quando si diventa vecchi non si sa mica più tanto quello che si fa. Comunque il dottor Raimondi non l'ho *ucciso* io, davvero!"

"Va bene, signora Persichetti, se proprio insiste a *sostenere la Sua innocenza* aspettiamo di trovare l'*arma del delitto*. Così abbiamo poi tutte le *prove* che ci servono per *incriminarLa*! I miei uomini sono al lavoro e sono convinto che riusciranno a trovarle molto presto. Ma perché non fa risparmiare del tempo a tutti noi e ci dice semplicemente dove ha messo la pistola?"

Übung 3: Bringen Sie die Wörter in die richtige Reihenfolge!

1. mosca   via   vola   la

_____

2. incontrano   le   giovedì   si   il   amiche

_____

3. osserva   gli   Armida   insetti   danzano   che

_____

4. aveva   giovanissima   Lidia   lavorare   a   cominciato

_____

5. dottor   vecchio   era   il   cattivo   Raimondi   e

_____

6. nessuno non fatto mai con abbiamo debiti

_____

7. prove abbiamo che tutte servono ci le

_____

Capitolo 2: Sospetti

Lunedì mattina, ore 10:00. La signorina Armida Costanzo sta aspettando davanti al grande portone d'ingresso della prigione femminile. Si guarda intorno con curiosità per scoprire come sono vestite le altre signore che vanno a trovare i *parenti* e gli amici in prigione. Non è stato *affatto* facile per Armida trovare il vestito giusto da indossare quella mattina. *Prova e riprova*, tutte le gonne e le camicette le sembravano sempre poco adatte per l'occasione. Anche i giornali femminili questa volta non le erano stati d'aiuto. Tanti buoni consigli su cosa indossare in ogni occasione, dal Capodanno al funerale, ma da nessuna parte c'era scritto come ci si deve vestire quando si fa una visita in prigione!

Alla fine aveva deciso di indossare gli stessi vestiti che metteva di solito per andare in chiesa la domenica, una classica gonna blu *plissettata* ed una camicetta di seta color crema.

Armida entra nell'edificio e aspetta pazientemente di essere ammessa nel *parlatorio*. La *guardia* chiama il suo nome: ora tocca a lei. Ci sono tanti uomini, mariti, padri ed anche tanti bambini.

I poliziotti fanno sempre le solite domande: "Come si chiama?", "Da chi vuole andare?", "Ha qualcosa da dichiarare?" Poi ritirano i documenti e fanno passare i visitatori in una camera *arredata* con una serie di tavoli doppi separati da un vetro. Il *timore* iniziale di Armida si trasforma lentamente in vivo interesse per quel mondo conosciuto solo attraverso la televisione, quel mondo dei telefilm americani che ama tanto guardare la sera prima di cena. Una porta si apre ed entra Lidia: è un po' pallida e visibilmente *tesa*, ma felice di vedere che la sua amica è venuta a trovarla. Dopo le prime domande che tutti farebbero in una simile situazione: "Come stai?", "Come si mangia qui?", "Sono gentili con te le tue *compagne di cella*?", Armida non resiste. Guarda Lidia fissa negli occhi e le chiede: "Lidia, non vorrei essere brutale, ma a me puoi dire davvero tutto. Sei stata tu ad *uccidere* il dottor Raimondi?"

"No, Armida, non l'ho *ucciso* io, davvero. Anche se ti devo dire che mi sarebbe piaciuto, questo sì! Tu non sai quante volte ho pensato di farlo, ma mi è sempre mancato il coraggio. E poi come si *uccide* una persona? Il dottor Raimondi era un uomo molto cattivo e senza cuore. In fondo ha fatto la fine che si *meritava*. Per prima cosa si è rifiutato di aiutarmi con mio nipote, dopo tutto quello che ho fatto per lui e per la sua famiglia in tutti questi anni. E poi è stato davvero terribile dover vedere tutto quello che ha fatto a sua moglie e a sua figlia, senza poter fare niente!"

"Perché, che cosa ha fatto?"

"Se vuoi sapere la mia opinione, per me è lui il responsabile della morte della moglie, della povera signora Gabriella."

"Ma non è morta in un incidente stradale?"

"Certo, ma perché era completamente *ubriaca*! E per quale motivo, secondo te, ha incominciato a bere? Era tutta colpa del marito. Erano anni che lui la *tradiva*! Non l'ho mai detto a nessuno, ma lui l'umiliava in tutti i modi possibili e andava a letto con tutte le donne che gli stavano intorno. E così la signora Gabriella ha cominciato a bere. Mi ricordo ancora che la sera dell'incidente ha aspettato il marito fino alle due del mattino in compagnia di una bottiglia di gin. Poi ha preso la macchina – chissà per quale motivo – ed è andata a *sbattere contro* un albero.

Übung 4: Lesen Sie weiter und unterstreichen Sie im Text das Gegenteil der Wörter in Klammern!
(1. peggio, 2. nascita, 3. difficile, 4. giovane, 5. piccolo, 6. scendere, 7. freddo)

E con la figlia il dottor Raimondi non si comportava certo meglio! Mai una parola gentile, mai un abbraccio. Nemmeno dopo la morte della madre! Non è stato facile per Nadia vivere in un ambiente freddo e senza amore come quello. Alla fine ha cominciato a prendere *calmanti* e ad andare regolarmente dallo psichiatra. Se vuoi sapere la verità, non mi dispiace proprio che il vecchio Raimondi sia morto! Anzi, ne sono quasi contenta!"
Queste dure parole della sua amica lasciano Armida *impietrita*.
Lidia lo nota e cerca di cambiare argomento.
"Ti prego, cara Armida, mi puoi fare ancora un grande favore? So che non è *piacevole* salire in quella casa, ma appena ti è possibile, andresti a *innaffiare i* miei *fiori*? Chissà come soffrono con tutto questo caldo!"
"Ma certo cara, non preoccuparti, appena posso lo faccio!"

Dopo essere uscita dal carcere Armida passeggia ancora per un po' lungo le strade *solitarie* d'agosto. Non riesce a decidersi ad andare a casa. Continua a pensare a Lidia, al dottor Raimondi, alla signora Gabriella, a Nadia e ai suoi problemi. Si sente confusa e ha bisogno di *schiarirsi le idee*. Non aveva visto Lidia da quando l'avevano portata in prigione due settimane prima e ora l'incontro con lei le aveva *fatto* una grande *impressione*.
"Possibile che Lidia sia davvero un'assassina? Certo però che ci sono tutte quelle *prove* contro di lei... Non ha un alibi e ha più di un movente: aveva bisogno di soldi per il nipote e voleva vendicarsi per tutto quello che aveva dovuto *sopportare* in questi anni...",

pensa Armida ad alta voce, "e intanto quella poveretta, anche dalla prigione, si preoccupa più delle piante che di se stessa. No, non è stata lei! Chi ama i fiori in quel modo non può certo essere un assassino! Lidia tornerà presto a casa e che sarà felice di ritrovare vive tutte le sue piante, questo è sicuro!"

! Übung 5: Leiten Sie aus den folgenden Adjektiven die entsprechenden Substantive ab!

1. imbarazzato _____

2. educato _____

3. coraggioso _____

4. caldo _____

5. freddo _____

6. terribile _____

7. teso _____

8. timoroso _____

Intanto però la vita continua, è di nuovo giovedì e le amiche si trovano, ancora una volta, a casa di Armida per il solito caffè.
"Un altro giovedì senza Lidia...", *sospira* Armida, mettendo le tazze sul tavolo, "ed è già la terza settimana."
Suonano alla porta.
Armida apre e attende che le amiche salgano le scale. La prima ad arrivare è Luciana, che porta una grandissima torta alle fragole.
"Ciao Luciana, entra cara, entra."
"Ciao Armida, fammi andare subito in cucina, *per piacere*! Devo

mettere la torta in frigorifero altrimenti si *scioglie* tutta la *panna montata*!"

"Certo, vai pure, la strada la sai!"

"Lascia aperta la porta, Armida! Jole e Paolina stanno arrivando, stanno ancora salendo le scale, sai quanto sono lente!"

"Lo so, eccome! Alla nostra età non è proprio facile salire le scale! Con questo caldo poi!"

Armida lascia aperta la porta per le amiche e sente dei passi sul pianerottolo.

Stanno già arrivando, *pensa tra sé*.

Armida esce per andare loro incontro, ma, invece delle sue due amiche, vede Nadia. È la prima volta che le due donne si incontrano dopo la *disgrazia*. Armida è un po' *imbarazzata*, non sa bene che cosa dire. Le solite frasi che si dicono in questi momenti per esprimere la propria partecipazione le sembrano un po' banali. Comunque deve pure dire qualcosa...

"Buongiorno, Nadia, come stai?"

Armida vorrebbe dirle "ti vedo bene", "vedo che ti sei ripresa" o cose del genere, ma le parole proprio non riescono ad uscirle dalla bocca. Probabilmente perché Nadia non ha *affatto* un bell'aspetto. È pallidissima, ha enormi *occhiaie* scure sotto gli occhi e le *tremano* le mani. Sembra davvero un *fantasma*!

"Buongiorno, signorina Armida, sì grazie, va tutto bene..."

Armida non riesce a togliere gli occhi di dosso. Sa che non è *educato* fissare le persone in quel modo, tuttavia non riesce proprio a non farlo.

"Ti serve qualcosa? Hai bisogno d'aiuto?"

"No, grazie", risponde Nadia, un po' *imbarazzata* da tutte quelle domande.

"Stai andando di sopra a prendere qualcosa?"

"Sì, ecco io... sto andando di sopra, nell'appartamento di papà...

per Lidia... vorrebbe avere il suo libro... quel 'Solo andata' della Giraldi che le piace così tanto. Vuole continuare a leggerlo in prigione..."

"Ah, capisco", dice Armida.

"Domani vado a trovarla e volevo portarglielo. Non si preoccupi per il resto, signorina Armida, va tutto bene, davvero..."

Fortunatamente Jole e Paolina sono riuscite a salire le scale e, con tutto il rumore che fanno, interrompono quella conversazione un po' *impacciata*.

"Oh mamma mia che fatica!"

"Oh santo cielo, che caldo! Ma si è mai vista un'estate come questa? Armida, ti prego, *accendi* subito il ventilatore o non entro neanche in casa!"

"Ma sì, venite pure, il ventilatore è già acceso! Qualcuna di voi vuole una limonata fresca prima del caffè?"

Armida saluta Nadia, chiude la porta e comincia ad occuparsi delle sue ospiti. Nel corso del pomeriggio si *parla*, come al solito, *del più e del meno*, del caldo eccezionale di quel periodo, dei poveri animali *abbandonati* sulle autostrade da chi va in vacanza, di come è difficile trovare dei negozi di alimentari aperti nel mese di agosto, ecc...

Dopo una mezz'oretta di banalità, le quattro signore ricominciano a parlare dell'unico tema che interessa loro davvero.

!

ÜBUNG 6

Übung 6: Schreiben Sie die Verkleinerungsform der folgenden Substantive auf!

1. camicia _____

2. gonna _____

3. piatto   _____

4. strada   _____

5. povera   _____

6. occhi   _____

7. ora   _____

8. tavolo   _____

"Ieri sono stata in carcere a trovare Lidia", comincia Armida.

"Mmmpf!" è la reazione di Luciana alla notizia. Anche se non riesce a parlare perché ha la bocca piena di fragole e di *panna montata*, i suoi occhi fanno però capire che è molto interessata a sentire il seguito della storia.

"Non l'ho trovata molto bene, era piuttosto strana e mi sembrava anche un po' cattiva."

"Cosa vuoi farci, è l'atmosfera del carcere, tutti cambiano carattere lì! Come sono le sue *compagne di cella*? L'hanno *picchiata*?", chiede Luciana dopo aver eliminato le ultime *tracce* di *panna* e fragole dalle labbra.

"Credi che sia stata veramente lei? Oddio, se penso che abbiamo passato così tanto tempo insieme ad un'assassina mi vengono i *brividi*!", dice Jole.

"Ma cosa ti viene in mente! Non sono ancora riusciti a dimostrare che sia *colpevole*, quindi per me Lidia è ancora innocente!"

Paolina *socchiude* gli occhi, sorride e continua: "Proprio ieri sera ho pensato tanto a Lidia... ho finalmente finito di leggere il libro 'Solo andata', che le era piaciuto tanto e che mi aveva *prestato* qualche giorno prima della *disgrazia*. Lidia aveva ragione, è proprio un bel libro, così appassionante!"

Armida fa un salto sulla sedia.

"Scusa, Paolina, come hai detto? 'Solo andata'?"

"Sì, 'Solo andata', il libro che mi ha dato Lidia prima di... prima della *disgrazia* appunto. Sì, effettivamente, ci sono ogni tanto delle scene piuttosto sexy, ma sai, alla mia età, queste cose si leggono anche volentieri. Anch'io, *modestia a parte*, ne avrei tante di storie da raccontare! Non ho mica dimenticato cos'è la passione io!" conclude Paolina con un sorriso *malizioso*.

"Ma ne sei proprio sicura? Te l'ha dato Lidia dopo averlo letto?"

"Sì, l'ho appena detto, *per chi mi prendi*? Non sono più giovanissima, ma non sono ancora senile! Ci sono degli altri *bigné*?"

"Strano, davvero strano...", commenta Armida, mentre passa il *vassoio* dei *bigné* all'amica.

! *Übung 7: Finden Sie das passende Gegenteil!*

ÜBUNG 7

1. salire	☐ finire
2. andare	☐ entrare
3. accendere	☐ chiudere
4. aprire	☐ spegnere
5. uscire	☐ scendere
6. cominciare	☐ venire

Capitolo 3: Il linguaggio delle piante

È arrivata ormai la sera, le signore sono tornate a casa, il salotto è nuovamente in perfetto ordine. Armida, come ha promesso a Lidia quel giorno nel *parlatorio* del carcere, sta per salire al piano di sopra, in casa del dottor Raimondi, per *innaffiare i fiori*.

Prende dall'armadietto a muro la chiave dell'appartamento che

Lidia le aveva dato tanto tempo prima e sale le scale.

"Dovrò anche parlare con le piante? Sentiranno che non sono Lidia? Speriamo di non dire delle stupidaggini e farle morire tutte!"

Le fa un po' paura entrare in una casa dove è avvenuto da poco un *omicidio* e la mano di Armida *trema* leggermente mentre infila la chiave nella *serratura*.

L'aria nell'appartamento è caldissima e *soffocante*, Armida cerca nel buio l'*interruttore della luce* con la mano: per niente al mondo entrerebbe in quella casa al buio!

Accende la luce e *resta a bocca aperta*:

"Guarda che disordine che ha lasciato la polizia! Non c'è più niente al suo posto! Ci vorrebbero davvero più donne poliziotte! Una donna non lascerebbe mai un caos simile in casa d'altri!"

Armida cerca di fare più in fretta possibile, corre in bagno, prende l'*innaffiatoio*, lo riempie d'acqua e comincia a bagnare le piante della cucina. Prima il basilico, poi la piantina di *prezzemolo* e quindi il piccolo geranio rosso che Armida aveva regalato a Lidia l'anno scorso per il compleanno. Poi torna in bagno a prendere l'*innaffiatoio* più grande e *prosegue* con le piante del salotto.

"Care piantine, continuate a crescere, presto ritornerà tutto come prima... *Accidenti!* Ma cosa sto *combinando*!"

Persa nei suoi pensieri Armida non si accorge di aver versato troppa acqua nel vaso ed ora la terra sta *fuoriuscendo* dal bordo, mentre sul pavimento si è formata una *pozzanghera* d'acqua che sta diventando sempre più grande.

"Accidenti a me! Non bastava il disordine che ha fatto la polizia! Adesso ci mancava anche la *sporcizia*! Strano però, la terra dovrebbe essere dura e secca. Sono giorni che nessuno la bagna..."

Armida pulisce il pavimento come meglio può e cerca di rimettere la terra nel vaso con le mani, quando vede qualcosa che *luccica*.

Scava un po' con la mano intorno all'oggetto luccicante e improvvisamente cade a terra dallo *stupore*.

"Oddio, oddio!"

Quell'oggetto luccicante è *senza ombra di dubbio* una pistola!

Il maresciallo Crovani è un po' *imbarazzato*. Credeva che gli uomini della sua squadra avessero guardato dappertutto e *perquisito* con cura ogni angolo dell'appartamento, ma evidentemente si era sbagliato.

"*Ricapitoliamo* dunque", dice il maresciallo Crovani, "Lei era qui per *innaffiare i fiori*..."

"Esatto, maresciallo."

"Ed ha scoperto questa pistola nel vaso del filodendro."

"Certamente, è successo proprio così!"

Übung 8: Lesen Sie weiter und fügen Sie die Wörter in Klammern in die passenden Lücken ein!

(calibro, errori, ora, piccola, fiori, probabilmente, hanno)

"Aveva mai visto questa pistola prima d'(1.) _____,

signora Costanzo?"

"Signorina, prego. No, non l'ho mai vista. Credo proprio che me la

ricorderei! Ma è una pistola vera? È così (2.) _____

che sembra un *giocattolo*!"

"Certamente, signora – pardon – signorina Costanzo! Si tratta di

un modello per così dire 'da donna'. È una pistola (3.)

_____ 6,35, proprio come le *pallottole* che hanno

ucciso il dottor Raimondi. L'*analisi balistica* lo *confermerà* con certezza. Resta solo da chiarire come ha fatto la pistola ad arrivare nel vaso di (4.) _____..."

"Mah, (5.) _____ ce l'ha messa l'assassino, non crede, maresciallo?"

"O l'assassina", aggiunge lui. "La cosa mi stupisce perché sono sicuro che i miei uomini (6.) _____ davvero *perquisito* con cura ogni angolo della stanza e *rilevato* ogni indizio..."

"Beh, evidentemente hanno dimenticato qualcosa! Anche la polizia può commettere degli (7.) _____", risponde Armida cercando di trattenere un sorriso.

"Certamente, cara signora, il ritrovamento dell'arma può però anche *confermare* un *sospetto*, o mi sbaglio?", conclude il maresciallo un po' *seccato*.

Che giornata ricca di *avvenimenti* per la signorina Armida Costanzo! Non solo è stata ritrovata l'*arma del delitto*, ma ciò è stato possibile proprio grazie a lei!
Tutte queste emozioni ora non le fanno prendere sonno. Continua a girarsi nel letto e a pensare.
Strano però che la polizia non ha trovato la pistola durante la prima *perquisizione*. A giudicare dal disordine che hanno lasciato in casa devono aver guardato proprio in ogni angolo dell'appar-

tamento... D'altra parte qualcuno però può aver nascosto la pistola nel vaso in un secondo momento. Effettivamente la terra nel vaso non era *affatto* così dura e secca come doveva essere dopo tutto quel tempo senz'acqua. La porta poi era chiusa a chiave e anche le finestre erano chiuse. C'era solo un gran disordine ed è difficile dire se è stato la polizia o qualcun'altro a fare tutto quel caos...

Dato che il sonno *tarda ad arrivare*, Armida si alza dal letto e decide di andare in cucina e preparare una *camomilla*.

Magari la persona che ha messo la pistola nel vaso ha aperto la porta con la chiave. Soltanto Lidia, il dottor Raimondi, Nadia ed io ne abbiamo una. C'è forse un'altra persona che non conosco e che ha una chiave? Magari è stata davvero Lidia... Forse è stata aiutata da un complice a commettere il delitto... No, no! Ma cosa mi viene in mente...

Fiiiiiii!

Il rumore dell'acqua per il tè la riporta alla realtà. Armida mette la bustina di *camomilla* nella tazza e aggiunge l'acqua bollente.

Magari dovrei leggere qualcosa, mi aiuterà a rilassarmi.

Armida prende la *camomilla* e va verso lo *scaffale* dei libri. Improvvisamente si ferma a metà strada tra la cucina ed il salotto, facendo *barcollare* pericolosamente la tazza con la *camomilla* sul piattino.

Il libro! Come ho fatto a non pensarci prima? Ora è tutto chiaro!

Übung 9: *Setzen Sie das zum Adjektiv passende Adverb ein!*

ÜBUNG 9

1. nuovo _____

2. perfetto _____

3. leggero   _____

4. improvviso   _____

5. evidente   _____

6. certo   _____

Sono le dieci del mattino e la signorina Armida Costanzo bussa alla porta di Nadia Raimondi, *coniugata* De Rossi, con una grande *fetta* di torta al cioccolato fatta in casa.
"Chi è?"
"Cara Nadia, sono io, Armida! Sei già sveglia, vero? Ho pensato che avresti gradito una *fetta* di torta al cioccolato per colazione. So che è la tua torta preferita, fatta secondo la ricetta di Lidia."
La porta si apre di una *fessura*, Nadia è pallidissima, ha gli occhi rossi e i capelli in disordine.
"Sì venga, grazie, lasci pure la torta sul tavolo."
"Grazie cara. Ti preparo un bel caffè, così possiamo fare due chiacchiere!"
"Ma veramente, io..."
"Non ti preoccupare Nadia, nessun disturbo! Lo faccio volentieri! Dove sono le tazzine?"
Nadia non ha assolutamente voglia di far conversazione, non si sente bene, i *sonniferi* che ha preso ieri le danno un po' di *nausea*. Vorrebbe solo rimettersi a letto, non pensare a niente e dormire fino a mezzogiorno.
"Ecco la torta, vedrai che ti fa bene, sei tutta pelle e ossa!"
"Ehm, sì grazie Armida, ma non mi sento molto bene oggi, non ho troppo appetito."
"Come sta tuo marito, Nadia? Tutto bene al lavoro?"
"Sì, sì, almeno credo, gli ultimi tempi sono stati un po' caotici..."

89

"Capisco cara, capisco... deve essere terribile tutto quello che stai passando, povera la mia Nadia! E Lidia l'hai vista? Sei già andata a trovarla in carcere?"

"Sì, certo, proprio ieri. È strano vedere la mia adorata Lidia in quel luogo, lontana da casa e da tutti noi."

"È davvero incredibile! Ci sono delle novità nelle indagini? I carabinieri stanno seguendo delle *tracce* particolari?"

"Non credo, so che continuano a dare la colpa a lei. Che tristezza, mi manca davvero tanto."

"Eh sì, Lidia deve essere molto forte e prepararsi ad una *battaglia* lunga e faticosa! Non sarà facile per lei affrontare il processo e anche trovare tutti i soldi necessari a pagare un buon avvocato! Ma raccontami della tua visita. Chissà come è stata contenta Lidia di rivederti e anche di riavere il libro che le piace tanto! Sono proprio le piccole cose che ci fanno sentire a casa!"

"Sì, ha proprio ragione."

"Le hai portato 'Solo andata', vero? Ricordi? Ci siamo viste proprio quando stavi andando nell'appartamento di tuo padre a prenderlo! Mi hai anche detto che volevi portarglielo alla prossima giornata di visita!"

"Sì, sì, certamente. Gliel'ho portato proprio ieri, è stata molto contenta..."

"... di leggerlo una seconda volta, suppongo, perché l'ha già letto tutto prima della *disgrazia*! E ha anche fatto in tempo a *prestarlo* a Paolina!"

"Mah... ehm... ha detto 'Solo andata'? Il libro che intendo io era ovviamente 'Viaggio in oriente'! Sì, le ho portato 'Viaggio in oriente', era quello il libro che voleva."

"Ah, capisco, ancora un po' di caffè, cara?"

"No, grazie Armida, sono molto stanca. Se non Le dispiace vorrei andare a riposare ancora un po'."

Armida sente che è arrivato il momento del bluff. Deve tentare il tutto per tutto: sente che Nadia le sta nascondendo qualcosa ed è decisa a scoprire di che cosa si tratta.

"Ma certo, capisco... Ancora una cosa! Sai cosa mi ha detto il maresciallo Crovani a proposito della pistola che ho trovato nel vaso di fiori? Che è davvero l'*arma del delitto*! Pensa che sono anche riusciti a trovare le *impronte digitali* e le stanno confrontando con le altre impronte che hanno trovato nell'appartamento. È soltanto una questione di tempo e poi avremo finalmente anche il nome dell'assassino", e dopo una pausa ricca di significati aggiunge: "... o dell'assassina! È una buona notizia questa, vero? Sono sicura che Lidia sarà liberata molto presto!"

"*Mi gira la testa*, ora devo proprio *sdraiarmi*, mi dispiace signorina. Mi ha fatto davvero *piacere* vederLa, ma ora...", dice Nadia alzandosi dalla sedia.

Armida la prende per il braccio e la costringe nuovamente a sedersi, poi le si avvicina ancora di più con la sua sedia, la guarda fissa negli occhi e le chiede, tenendole le mani nelle sue: "Dimmi la verità, Nadia... cosa sei andata a fare l'altro giorno in casa di tuo padre? Non mi raccontare la storia del libro che volevi prendere per Lidia, perché è una bugia. Il libro di cui parlavi quel giorno non era nemmeno nella sua stanza perché Lidia l'ha *prestato* a Paolina ancora prima dell'*omicidio*!"

Nadia abbassa gli occhi, continua a tenere le mani nelle mani di Armida e comincia a *tremare*, all'inizio leggermente, poi sempre più forte. Infine *scoppia* in un pianto *a dirotto*.

"Non so più niente, non mi ricordo più nulla! Armida, non sono sicura, ma forse sono stata proprio io ad *uccidere* mio padre! Ho sognato tante volte di farlo in passato e forse l'ho fatto davvero! Ma non riesco a ricordare cos'è successo!"

"Calmati, cara! Calmati e raccontami tutto dall'inizio", risponde

Armida mentre le passa un fazzoletto per asciugarsi le lacrime. Il suo tono di voce ora è dolce e comprensivo, vuole far sentire Nadia al sicuro e convincerla a dire finalmente tutto quello che sa.

Übung 10: Unterstreichen Sie die richtige Präposition!

1. Armida cerca di/da fare più in/di fretta possibile.
2. La donna non si accorge a/di versare troppa acqua nel/al vaso.
3. Armida cerca di/da rimettere la terra nel/del vaso con le mani.
4. La porta era chiusa a/con la chiave.
5. Il rumore dall'/dell'acqua per il tè la riporta alla/dalla realtà.
6. Nadia è andata a/per trovare Lidia in/alla prigione.
7. Nadia ha pensato a/di uscire da/di casa per prendere un po' d'aria.
8. La polizia è riuscita a/di trovare l'arma del delitto.

"Di quella notte ho solo dei ricordi confusi, riesco solo a ricordare con precisione di essere andata a trovare mio padre nel suo studio. E so anche che ero arrabbiatissima con lui perché aveva venduto i gioielli della mamma. Sono sicura che non l'ha fatto perché aveva bisogno di soldi, quelli non gli sono mai mancati! L'ha fatto solo per cattiveria, per cancellare completamente ogni ricordo di lei dalla sua vita."

"Sì, non si può certo considerare un comportamento particolarmente sensibile, è vero, ma comunque...", dice Armida versandosi il caffè nella tazzina.

"Abbiamo cominciato a litigare violentemente, ci siamo insultati pesantemente e poi ho cercato di *strappargli dalle mani* il *portagioie* con i gioielli della mamma, perché non volevo assolutamente che li portasse via. Mio padre era anziano, ma aveva ancora una certa forza, mi ha dato uno *spintone* e sono caduta a terra. Poi da quel momento i miei ricordi si fanno confusi. So di essermi rialzata, credo di aver battuto la testa perché *sanguinavo* leggermente, ricordo mio padre in piedi nel suo studio, la *cassaforte* aperta e i gioielli della mamma, la sua pistola con il *manico* in *madreperla*... poi gli *spari*!"

Armida è rimasta con la tazza del caffè *a mezz'aria* e la bocca aperta dallo *stupore*.

Intanto Nadia *prosegue* il suo racconto: "So solo che avevo in mano la pistola. Non so quanto tempo è passato, né cosa è successo dopo. Mi ricordo soltanto che la polizia è venuta a casa mia accompagnata da mio marito. Io ero a letto, nella mia camera, e dormivo. Non mi chieda come ho fatto ad arrivarci perché non lo so proprio. Mi hanno comunicato la notizia della morte di mio padre, ma non mi ha *fatto* troppa *impressione*, forse perché avevo preso più *sonniferi* del solito. Mi sono buttata sul letto e ho dormito ancora per tutta la giornata successiva."

"Hai detto però di ricordarti della pistola di tua madre e anche degli *spari*."

"Sì, la pistola con cui è stato *ucciso* mio padre apparteneva a mia madre. Gliela aveva regalata il papà perché aveva paura delle *rapine*. Erano tempi duri, gli anni '70! C'era tanta violenza in giro ed era normale allora tenere un'arma in casa. Dopo la morte della mamma, papà teneva la pistola però sempre chiusa nella *cassaforte*. Quella sera era sicuramente lì, mi ricordo molto bene, l'ho vista. E poi..."

"E poi?"

"E poi, tre settimane dopo questi fatti, ho pensato di uscire di casa per prendere finalmente un po' d'aria e ho messo lo stesso vestito che indossavo la sera dell'*omicidio*. Ho messo le mani in tasca e... ci ho trovato dentro proprio la pistola della mamma!"

Armida cerca di mantenere la calma e appoggia con grande *cautela* la tazzina del caffè sul tavolo. Nadia continua il suo racconto: "È stato proprio in quel momento che ho capito che avevo qualcosa a che fare con il delitto. Non sapevo cosa fare, avevo paura a parlarne, continuavo a pensare a quella sera, mi sforzavo di ricordare qualcosa di più, ma non ci riuscivo. Avevo paura di essere scoperta e ho pensato di liberarmi della pistola. Così l'ho riportata nell'appartamento di papà e l'ho nascosta in un vaso di fiori. Mi era sembrato un posto sicuro, la polizia aveva già controllato tutto e senz'altro non sarebbe più andata a guardare proprio lì. Non potevo immaginare che proprio Lei la trovasse..."

Armida abbraccia Nadia, che ora le sembra ancora più piccola e impaurita del solito e con tono deciso aggiunge: "Adesso però dobbiamo andare a raccontare tutto al maresciallo Crovani, sono sicura che queste informazioni lo aiuteranno a risolvere il caso. Per lo meno lo faranno sentire meglio, vuol dire che i suoi uomini hanno davvero svolto un buon lavoro di *perquisizione*!"

! *Übung 11: Welche Übersetzung stimmt?*

1. accompagnare ☐ a) begleiten
☐ b) eine Kompanie gründen

2. litigare ☐ a) arbeiten
☐ b) streiten

3. rumore ☐ a) Lärm
☐ b) Geschwätz

4. chiacchierare ☐ a) drücken
☐ b) plaudern

5. successivo   ☐ a) folgend
                        ☐ b) erfolgreich

6. impaurito   ☐ a) verarmt
                       ☐ b) ängstlich

Capitolo 4: La fine d'un incubo

Armida è seduta su una panca nel corridoio della *questura* e sta aspettando che Nadia finisca di parlare con il maresciallo Crovani. Ci ha messo solo dieci minuti a prepararsi questa mattina, ormai sa benissimo come ci si deve vestire per andare dalla polizia. Solo una settimana prima si sarebbe fatta *intimidire* dalla situazione e dall'atmosfera particolare, dall'"odore del crimine", come lo chiamava lei. Adesso invece è tranquilla e si sente anche molto a suo agio nel suo tailleur estivo color kaki. Il tempo passa e Nadia ancora non esce dalla stanza. Armida si alza dalla sedia e cammina un po' avanti e indietro, poi si siede nuovamente. Il maresciallo le ha proibito di entrare nella stanza e questo lei non riesce davvero a *sopportarlo*. In fin dei conti è *merito* suo se Nadia sta confessando quello che sa ai carabinieri!
Bella *riconoscenza*!, pensa Armida alzandosi nuovamente e andando ad *origliare* alla porta.

Übung 12: Welche Wörter stehen miteinander in Zusammenhang?   **!**

1. confessare   ☐ voce
2. dormire   ☐ televisione
3. guardare   ☐ gonna

ÜBUNG 12

4. sentire   ☐ bicchiere
5. cucina   ☐ verità
6. commettere   ☐ letto
7. vestirsi   ☐ errore

Oggi il maresciallo Crovani ha l'aria decisamente più soddisfatta del solito. Dopo aver passato giorni e giorni a *rimproverare* a se stesso e ai suoi collaboratori di aver commesso dei terribili errori, non riesce a trattenere una certa soddisfazione dopo aver ascoltato il racconto di Nadia. Dopo l'*interrogatorio*, la ragazza è stata *affidata* alle cure di uno psicologo, in attesa di chiarire ulteriormente come si sono svolti i fatti.

Proprio per *far luce sui* punti ancora poco chiari della *vicenda*, il maresciallo Crovani si trova ora nuovamente di fronte a Lidia. È infatti più che convinto che solo lei sa come sono andate veramente le cose.

"Allora signora Persichetti, come sa abbiamo ritrovato la pistola con cui è stato assassinato il dottor Raimondi. Purtroppo non è stato più possibile *individuare* le *impronte digitali* perché questa è stata per troppo tempo nella terra. Le chiedo ora: avremmo trovato le Sue *impronte digitali* o quelle della persona che sta cercando di proteggere?"

"Non ho fatto niente, gliel'ho detto. Quella sera ero in casa a guardare la televisione."

"Cara signora Persichetti, sa con chi ho avuto il *piacere* di parlare stamattina? Con una persona che Lei conosce molto bene e alla quale è molto legata: Nadia De Rossi, la figlia del dottor Raimondi. Pensi che è venuta a trovarmi in *questura* e abbiamo fatto una *chiacchierata* piuttosto interessante..."

"Nadia? È stata qui? Cosa Le ha detto?"

"Ha aggiunto dei particolari molto interessanti alla *vicenda*, glielo

assicuro, cara signora Persichetti. Allora, si decide a raccontarmi tutto quello che sa su questa storia o vuole che La *incrimini* per *sospetto depistaggio* delle indagini? Non mi faccia perdere la pazienza, questa volta lo faccio davvero!"
Lidia sente di *non avere più scampo* e comincia a raccontare la sua versione degli *avvenimenti* di quella serata fatale:
"Quella sera, verso le 21:00 Nadia era venuta a trovarci. Lo faceva molto spesso, voleva però quasi sempre vedere me e non il padre. Quel giorno invece il padre aveva chiesto di vederla per discutere di una questione di soldi o di gioielli, non so bene. Nadia non si è mai interessata di queste cose, anche adesso fa tutto il marito. Forse lì ho sbagliato con lei. Ho sempre cercato di proteggerla da tutto e da tutti e ora, anche da grande, la ragazza continua ad aver bisogno di aiuto e di protezione."
"Sì, sì, va be', lasciamo perdere la pedagogia e andiamo avanti con il racconto. Cosa è successo dopo le 21:00? Dunque Nadia è salita da voi al piano di sopra e ha iniziato a discutere con il padre di soldi..."
"Io, come Le ho detto più volte, non ero con loro nella stanza. Non mi volevano, sa? Io sono solo la *domestica*. Al dottor Raimondi andavo bene per fare i mestieri e per educare sua figlia, questo sì! Ma non mi ha mai fatto partecipare alla vita famigliare, mai!"
"Vada avanti, La prego, non *divaghi* sempre in questo modo", dice il maresciallo alzando gli occhi al cielo. "Se andiamo avanti così ci vuole tutto il pomeriggio per l'*interrogatorio*!"
"Dunque, io non ero nello studio con loro, stavo guardando la televisione, come si chiama quella trasmissione a quiz sul secondo canale?"
"Signora Persichetti, La prego!"
"Beh, ad un certo punto ho sentito che Nadia e il dottor Raimondi stavano litigando, così ho alzato il volume della televisione per non

sentirli. Non sono certo una che *mette il naso nelle faccende degli altri*, io! Loro non mi volevano, e io non volevo sentire quello che dicevano! Anche perché poi usavano certe parole, davvero irripetibili, mi creda, cose poco adatte ad una signora!"

"Certamente", *sospira* il maresciallo mentre si asciuga il sudore dalla *fronte* con il fazzoletto.

"Dunque, stavano litigando come dei matti e più loro alzavano la voce, più io alzavo il volume della televisione. Ad un certo punto però ho sentito dei *colpi di pistola*, due colpi credo, poi più niente. Sono corsa nello studio e..."

"E poi... vada avanti, signora Persichetti, cosa è successo poi? Coraggio!"

"Beh, ecco, ho visto una scena orribile! Ce l'ho continuamente davanti agli occhi! Il dottor Raimondi era lì sdraiato per terra nello studio, perdeva sangue dalla bocca. Ho lanciato un urlo! Poi ho chiamato Nadia! Ho pensato ad una *rapina*, ad un'*aggressione* e ho avuto paura che anche Nadia fosse *ferita*! Mi sono girata e lei era lì, in un angolo. Aveva la pistola in mano e non si muoveva. Non riusciva a parlare, e io non potevo portarla via di lì, era come *impietrita* e stringeva in mano la pistola."

"E perché non ha chiamato subito la polizia?"

"Non ci ho pensato, è la verità! Mi sono avvicinata al dottor Raimondi per vedere se era ancora vivo, perché volevo chiamare il *pronto soccorso*. Poi, dopo aver capito che era morto, ho pensato di chiamare Giancarlo, il marito di Nadia e di chiedere aiuto."

"Il marito? Cosa c'entra il signor Giancarlo De Rossi adesso?"

"Mi sembrava giusto *avvertire* subito il marito, perché Lei cosa avrebbe fatto?"

"Io avrei chiamato la polizia, come tutti i bravi cittadini!"

"Beh, comunque, io invece ho chiamato Giancarlo che è venuto subito. Cosa poteva fare, povero ragazzo? Era anche lui *in preda al panico*, abbiamo cercato di non perdere completamente la testa e di organizzare la cosa. Mi ha detto di non muovermi, di non toccare niente fino al suo ritorno. Ha preso la moglie e l'ha portata via. Credo che le abbia dato del *sonnifero* o un'altra medicina per calmarla. Quando è tornato, mi ha raccontato che ora Nadia era tranquilla, era a letto e stava dormendo."

"Quanto tempo è stato via?"

"Mah, penso circa una mezz'oretta."

"E in tutto questo tempo Lei cosa ha fatto?"

"Sono tornata in cucina, mi muovevo come un robot. Ho lavato un paio di bicchieri e poi mi sono seduta su una sedia e non mi sono più mossa. Era una *sensazione* strana essere lì in cucina e pensare che poco più lontano, nello studio, c'era un *cadavere*. Il dottor Raimondi era morto ed era a pochi metri di distanza da me."

"Bastava chiamare la polizia per risolvere il problema, signora!"

Lidia ignora il commento del maresciallo.

"Comunque, dopo è arrivato Giancarlo e mi ha detto cosa aveva pensato di fare: la cosa più importante era salvare Nadia."

"E Lei probabilmente era d'accordo con questo piano..."

"Certamente! Quel vecchio le aveva già rovinato abbastanza la vita! Gualtiero Raimondi era un uomo *arido* e cattivo, che aveva distrutto tutte le donne della sua famiglia! L'ho cresciuta io la 'bambina', sa?"

"Sì, la bambina di 32 anni...", aggiunge il maresciallo.

Lidia *fa* nuovamente *finta* di niente.

"L'ho sempre protetta da lui e ho semplicemente continuato a farlo, non avevo altra scelta, era mio dovere."

"Se lo dice Lei, non dimentichi però che si tratta di *omicidio*! E che Lei ha commesso un *reato* di *favoreggiamento*. Ma vada avanti, mi racconti ora cosa Le ha detto il signor De Rossi."

"Ad un certo punto ci siamo resi conto di dover chiamare la polizia e così Giancarlo ed io abbiamo deciso di mettere in scena una *rapina*. Giancarlo ha preso i soldi ed io ho nascosto i gioielli."

"Che noi abbiamo trovato in camera Sua e che sono diventati una delle *prove* più pesanti contro di Lei."

"Sa com'è, non sono proprio un'esperta di queste cose! Non sono riuscita a pensare ad un *nascondiglio* diverso. Per me l'importante era mettere un po' in disordine la casa e far sparire soldi e gioielli per rendere credibile la *rapina*."

"Ma non avete pensato ai problemi a cui andavate incontro? Guardi che il *depistaggio* delle indagini è un *reato* molto grave!"

"Non me lo dica, sono tre settimane che sono qui in prigione! Mi dispiace davvero! Non volevo mettere nessuno in difficoltà. Neanche Giancarlo lo voleva, ma in quel momento ci è sembrata l'unica cosa giusta da fare!"

! ÜBUNG 13

Übung 13: Welcher Beruf passt zu welchem Arbeitsplatz? Ordnen Sie zu!

1. domestica	☐ questura
2. giardiniere	☐ salone di bellezza
3. dottore	☐ prigione
4. guardia	☐ giardino
5. parrucchiere	☐ pronto soccorso
6. estetista	☐ salone di parrucchiere
7. poliziotto	☐ appartamento

"Accidenti a voi! Via di qui! Ma è possibile che anche in inverno voi mosche mi fate diventare matta? Non ci credo proprio. Non dovreste essere morte tutte? Scommetto che questa è l'unica mosca sopravvissuta all'estate di tutta l'Italia, e chiaramente viene a disturbare proprio me! E sì che siamo a febbraio!"

Uush! Armida *sventaglia* il giornale e, come sempre, non riesce a prendere la mosca che continua a volare sul panettone che ha messo in tavola per la *festa di San Biagio*.

L'estate ricca di tanti *avvenimenti* emozionanti è passata e la vita delle cinque signore milanesi continua seguendo lo stesso ritmo, la messa alla domenica e il caffè al giovedì pomeriggio.

"Hai visto la nuova *pettinatura* della signora Valenti? Sembra un vaso di fiori!", dice Jole.

"E quel colore! Quel rosso lo possono portare solo le ragazzine! Ormai anche lei ha una certa età!", aggiunge Luciana.

"Pensa che mentre noi continuiamo a stare qui a bere caffè, a casa di Laura organizzano regolarmente dei 'botox-party'!", sostiene Paolina, "invece di caffè e torte ci sono *siringhe* e creme! Cosa dici, proviamo ad andarci anche noi?"

Lidia si alza, appoggia il suo piatto sul tavolo e prende la borsetta.

"Devi andare già via Lidia?", chiede Armida.

"Sì, ho tante cose da *sbrigare* domani. Posso prendere una *fetta* di torta al cioccolato per Nadia? Lo sai che va matta per i dolci! Domani è giornata di visita all'*ospedale psichiatrico* e vorrei tanto farla contenta! È proprio brava, sai? Lo dicono anche i dottori. Dopo la *condanna* pensavo proprio che non *ce l'avrebbe fatta*. Invece sta facendo dei grandi progressi, pensa che ormai sono già due mesi che non prende più tranquillanti!"

"Come sono contenta! Prendi pure tutto quello che vuoi, Lidia! Anzi, ti do anche una *fetta* per Giancarlo. Come ti trovi a lavorare per lui?"

"Dopo tutti quegli anni dal dottor Raimondi mi sembra di essere in paradiso! Pensa che mi ha anche *prestato* i soldi per pagare la clinica a mio nipote! Grazie per la torta e a giovedì prossimo!"

"Certamente, a giovedì!"

IL SEGRETO DEL FARO
Myriam Caminiti

Capitolo 1: La misteriosa scomparsa

Il vecchio *guardiano* si alza presto come tutte le mattine. Si sveglia sempre alla stessa ora ormai da più di cinquant'anni. È passato molto tempo dal suo arrivo in quell'angolo di terra. Aveva solo vent'anni e una sacca con poche cose dentro.

Quella mattina sembra uguale a tutte le altre. Si mette le pantofole e va verso la finestra. Si ferma solo un attimo e si guarda allo specchio. Dalla superficie macchiata, le solite *rughe* sulla sua faccia lo salutano come vecchie amiche. Poi, finalmente, apre la finestra. L'aria del mattino manda via da lui le ultime *tracce* di sonno. Con il profumo del mare ancora nel naso va in bagno. Si lava e si veste lentamente. Mentre si mette la maglia pensa con ordine a tutto ciò che deve fare quel giorno.

Occuparsi di un *faro* può sembrare un lavoro semplice, ma in realtà ci sono molte cose da fare. Oltre al lavoro ordinario c'è sempre qualcos'altro da mettere a posto: passare la *vernice* d'alluminio sui tetti, per esempio, oppure dipingere le pareti.

Ripensa alla sera prima. È un po' preoccupato, però il suo lavoro lo aspetta. Per prima cosa, quella mattina, deve pulire le *lenti* del *faro*. Finisce di vestirsi e va in cucina. Si prepara un caffè. L'aroma di questo si mischia all'odore forte del sale assorbito dai muri. Questi stessi muri racchiudono da anni molte leggende.

Dopo aver bevuto il suo caffè prende il cappello bianco che si trova sulla sedia, se lo mette ed esce nella luce chiara. Appena fuori dalla porta, il suo fedele amico Argo gli salta addosso e lo lecca. "Giù, buono!", dice il vecchio. Si ripara la faccia con la mano e guarda l'orizzonte. Il mare è calmo e il lieve vento primaverile *sfiora* solo leggermente la superficie dell'acqua.

L'uomo guarda verso il sentiero fra le *ginestre* e il rosmarino per vedere se, per caso, sta arrivando Toni dal paese. Per fortuna il buon Toni gli porta fin lassù tutto ciò di cui ha bisogno. Lui non ha più molta forza per arrivare fino in paese e poi tornare con le borse piene. Una volta andava spesso al paese. Poi con gli anni la sua vita è diventata sempre più *solitaria*. Così, pian piano, lui si è disabituato alla gente e la gente a lui. Padre Calogero, una delle sere in cui è venuto a trovarlo al *faro* per bere con lui un po' di vino, gli ha confidato: "Ehi, a quanto pare sei famoso in paese; sai come ti chiamano alla taverna? 'Vecchia Lanterna' ti chiamano! Dicono che in tutti questi anni, solo, quassù, stai diventando tu stesso un pezzo del tuo *faro*", ed *è scoppiato* a ridere.

Si rende conto che è ancora molto presto. Toni, sicuramente, non arriverà prima di due o tre ore, quindi torna dentro. Sale lungo la scala *ripida* e stretta che porta nella stanza *in cima al faro*. Prepara il necessario per la pulizia delle lampade. Si abbassa e prende il *lucido*. Si accorge che la grossa bottiglia è per terra.

Il liquido è tutto sul pavimento. Strano, quando è caduta? Comunque non ci pensa più. Prende la bottiglia vuota e si dirige verso le scale per andare in cantina a prendere dell'altro *lucido*.

Ma dove sono le chiavi della cantina? Perché non sono come sempre lì, *appese al chiodo* insieme alle altre? Nervosamente scende giù per le scale, il suo respiro diventa più veloce.

Appena arriva in fondo sente un rumore che viene dall'esterno. Ecco, sicuramente è Toni. Sta quasi per uscire, quando sente un dolore forte alla testa. Poi non vede più nulla.

"Io non capisco come fanno a vivere in questo posto dimenticato da Dio", brontola il commissario Lo Verso, "e queste strade poi, sono tutte uguali. Adesso da che parte devo andare? Ah, finalmente c'è qualcuno lì a cui chiedere. Buongiorno. Senta, mi scusi, quale strada devo seguire per arrivare al *faro*?"

"Da qui è un po' difficile, Lei si trova fuoristrada", risponde l'uomo, "facciamo una cosa, L'accompagno io volentieri, tanto non ho nulla da fare." L'uomo sale in macchina. È un giovanotto di circa trent'anni con un modo di fare un po' confusionario ma cordiale.

"Dunque, adesso giri a destra e vada dritto per almeno due chilometri", continua il giovane, mentre si guarda attorno con aria curiosa. Poi dice: "Lei non è di queste parti!"

"Come ha fatto ad indovinare?", risponde il commissario con un tono a metà fra l'ironia e il fastidio.

Übung 1: Ordnen Sie den Verben ihre korrekte deutsche Entsprechung zu!

ÜBUNG 1

1. brontolare
2. rispondere
3. girare
4. chiedere
5. dire
6. indovinare
7. seguire

☐ drehen
☐ sagen
☐ fragen
☐ folgen
☐ antworten
☐ brummen
☐ erraten

"Cosa La porta qui?"

"Il lavoro", risponde *bruscamente*.

Non gli piacciono le domande, di solito è abituato a farle, non a riceverle. Poi il suo telefono squilla: "Pronto! Sì, Questore, ho trovato la strada, grazie, le Sue indicazioni erano perfette, ok, sicuramente, La richiamerò fra alcune ore."

104

"Ah, ma Lei è della polizia allora!", dice il giovane. "È qui per quello che è successo al vecchio *guardiano* del *faro*, vero?"

"Sì", risponde freddamente il commissario e, deciso a non farsi fare più domande, chiede: "Lei, invece, cosa fa in giro a quest'ora del mattino?" Il giovanotto sorride e poi risponde: "Quando ho un po' di tempo mi piace fare delle lunghe passeggiate da solo, mi rilassa. Ecco, laggiù deve lasciare l'auto, poi può *proseguire* a piedi lungo il *viottolo* e così arriva al *faro*."

"Beh, allora grazie per le indicazioni, ma adesso come fa a tornare in paese?"

"Non si preoccupi, Le ho detto che mi piace camminare, no? Buona fortuna con le indagini!"

Così dicendo il giovane scende dall'automobile e si avvia lentamente lungo la strada. *Zoppica* un po'.

Il commissario lo osserva per alcuni istanti, poi si guarda attorno e finalmente vede il grande *faro*. Mentre si avvicina si accorge che ci sono già alcuni uomini della polizia.

"Non può passare da qui, stiamo svolgendo un'indagine", dice *bruscamente* un giovane in divisa. Allora il commissario tira fuori il suo *distintivo* e lo fa vedere al giovane: "Adesso posso passare?"

"Certo, Commissario Lo Verso, mi scusi, non L'avevo riconosciuta", risponde il giovane con imbarazzo.

"A che punto siete? Avete trovato qualcosa di interessante?", chiede il commissario.

"In fondo alle scale c'erano una bottiglia rotta e alcune gocce di sangue. Questo è tutto quello che abbiamo trovato. Il resto sembra in ordine."

"Fate esaminare il sangue, per favore", dice Lo Verso.

"Senta, Commissario, quest'uomo è molto anziano... magari ha bevuto un po' troppo. Chissà, forse è caduto giù, sugli *scogli*."

Senza neanche ascoltarlo, il commissario entra in casa e controlla attentamente tutte le stanze. Effettivamente ogni cosa è al suo posto.

Molto strano, pensa, non credo proprio che questo vecchio *guardiano*, così ordinato, sia sparito nel nulla solo per andare a bere fra i *cespugli*.

Nella camera da letto la finestra è ancora aperta. Il letto non è rifatto, però tutto il resto sembra a posto. Apre l'armadio. I vestiti appesi sono perfettamente stirati e le maglie piegate con molta precisione. Poi si avvia verso la porta, ma prima di uscire nota qualcosa, un pezzetto di carta che esce da un cassetto. Si avvicina e lo apre. Dentro ci sono fogli, vecchie foto e... in fondo, un po' nascosto c'è anche un libro con la *copertina* rossa.

! Übung 2: Welches Wort ist das „schwarze Schaf"? Unterstreichen Sie das nicht in die Reihe passende Wort!

1. in ordine, a posto, con molta precisione, effettivamente
2. letto, foglio, armadio, cassetto
3. porta, finestra, goccia, scale
4. rifatto, appeso, stirato, piegato
5. magari, forse, troppo, chissà
6. ascoltare, avviarsi, uscire, avvicinarsi

"Commissario, guardi, abbiamo trovato questa in cucina."

"Una giacca di lana", dice Lo Verso, "non mi sembra un indizio interessante."

"Conosco il vecchio da molti anni, Commissario", risponde il poliziotto, "è molto magro, sicuramente questa giacca non appartiene a lui." Il commissario osserva nuovamente la giacca. Poi si accorge che sul *colletto* c'è una piccolissima *spilla* a forma di croce. "Bene, mi occupo io di questa giacca", dice Lo Verso ed esce dalla stanza. Va verso la cucina. Qui trova solo una *caffettiera* usata nel lavandino e una tazzina ancora sporca. Si avvicina al calendario appeso accanto alla finestra. Sopra c'è una piccola lista della spesa: "uova, latte, cibo per il cane" e poi più giù c'è scritto qualcos'altro "telef..." Ma non riesce più a leggere. La pagina è stata *strappata*.

"Chi è stato a denunciare la scomparsa dell'uomo?", chiede Lo Verso al poliziotto che sta scrivendo alcuni *appunti* su un foglio.

"È stato Toni De Grazia, Commissario. Un uomo del paese che fa sempre alcune *commissioni* per il vecchio. Al commissariato lo hanno già interrogato due volte."

"Io vado in paese. Per qualunque cosa, potete chiamarmi a questo numero", e dà al giovane un piccolo biglietto col suo numero di telefono. Poi esce dal *faro*. Scende di nuovo giù per il sentiero e si *accende* una sigaretta. Non *ce la fa* proprio a smettere. Certo, questa volta sono già passate due settimane dall'ultima sigaretta, ma basta un po' di stress e ricomincia di nuovo. Sale in macchina e ripercorre la strada. Cerca di ricordare le indicazioni che gli ha dato il giovane qualche ora prima.

Übung 3: Übersetzen Sie und lösen Sie das Rätsel!

1. Verschwinden _ __ __ _ □ _ _ _ _
2. Kommissar __ □ _ _ _ __ _ _ _ __
3. Telefon _ _ _ _ □ _ _
4. anrufen _ _ _ _ □ _ _
5. Indiz _ _ _ _ □ _
6. Zigarette _ _ _ □ _ _ _ _ _
7. Woche _ __ _ __ _ □ _ _

Lösung: _ _ _ _ _ _ □ _ _

Dopo alcuni chilometri vede un *cartello* di legno, *marcio* e gonfio: "CINISI". Il paese si trova proprio attorno alla baia. Da una parte c'è la montagna, che pian piano si trasforma in una collina ricoperta di alberi di olive e di mandorle. Dall'altra parte si trova la spiaggia con le barche dei pescatori, e su un lato il *promontorio* con il *faro*. Il paese è raccolto attorno alla piccola piazza dove il sole arriva già dalle prime ore del mattino. Il commissario parcheggia la macchina in una stradina, scende e va verso il commissariato, che si trova su un lato della piazza. Accanto c'è la *bottega* di un barbiere, dalla parte opposta un negozio che vende un po' di tutto e poi un ristorante. "Da Pippo" c'è scritto sull'insegna. Lo Verso entra al commissariato. L'edificio è vecchio e nelle stanze c'è un forte odore di *muffa*, anche se le finestre sono aperte.

"Sono il commissario Lo Verso", dice ad un poliziotto seduto dietro una scrivania, "l'ispettore Torre mi sta aspettando."

Il poliziotto si alza: "Buongiorno, Commissario. *Avverto* subito l'ispettore che Lei è arrivato."

"Non c'è bisogno, sono qui", dice una voce allegra, "la tua voce è inconfondibile, caro Vincenzo." L'ispettore Torre, un uomo alto e robusto, abbraccia con affetto il commissario.

"Angelo, che bello vederti, da quanto tempo non ci vediamo!", risponde Lo Verso.

"Sono proprio contento che ti occuperai tu di questo caso, so che sei il migliore", continua Torre. "Ma vieni, andiamo nel mio ufficio", dice l'ispettore e fa segno al commissario di seguirlo.

"Sono stato al *faro*", spiega Lo Verso, "i tuoi uomini sono ancora lì. Hanno trovato questa giacca. C'è una croce sul *colletto*, una *spilla*. Hai un'idea? Sai di chi può essere?"

L'ispettore guarda attentamente la giacca e dice: "Forse appartiene a Padre Calogero, spesso va a trovare il vecchio. La sua chiesa è proprio vicino al *faro*. Non l'hai vista?"

"No, comunque ho intenzione di tornare presto da quelle parti. Ci sono alcune cose che voglio osservare meglio", risponde il commissario. Riflette un attimo e poi chiede: "Conosci Toni De Grazia?"

"Certo, vive qui di fronte. Quella è la sua *bottega*", risponde Torre, mentre con la mano indica fuori dalla finestra. Lo Verso *si affaccia* e guarda il piccolo negozio con la *tenda* rossa dall'altra parte della piazza.

"Ha cinquant' anni. Circa dieci anni fa si è sposato con una ragazza marocchina ed hanno una bambina. Conosce abbastanza bene il vecchio. Più o meno ogni due o tre giorni va fino al *faro* con le borse piene di roba e porta tutto direttamente al *guardiano*. Ormai sembra aver messo la testa a posto."

"Cosa vuoi dire, spiegati meglio!", chiede, curioso, il commissario.

"Forse c'è qualcosa che devi sapere su Toni De Grazia", risponde Torre. "Quando era giovane *ricattava* i commercianti della zona e ha commesso molti *furti*. Poi è stato arrestato e condannato. È stato in prigione per circa sette anni. Quando è uscito, aveva trentacinque anni. Un anno dopo ha aperto questo negozio."

Il commissario si alza, si avvicina alla finestra e guarda verso la *bottega* di Toni. Un uomo basso, grassoccio, quasi *calvo* con un *grembiule* bianco, mette delle mele in un sacchetto e le dà ad una signora. Poi una bambina si avvicina all'uomo. Lui la prende in braccio e insieme entrano nella *bottega*.

"Comunque, vive tranquillamente. Sembra cambiato", aggiunge Torre.

"Voglio parlare con lui domani", decide Lo Verso. *Dà un*'ultima *occhiata* fuori e poi chiede: "Puoi consigliarmi un posto tranquillo dove dormire e magari anche mangiare?"

" 'Da Pippo', secondo me, è il posto ideale," risponde l'ispettore, "i proprietari sono molto simpatici e la cucina è ottima. Inoltre affittano delle camere. È qui, nella piazza."

"Sì, l'ho visto prima, quando sono arrivato. Credo che andrò lì. Ci vediamo domani."

Il commissario Lo Verso prende le sue cose e se ne va. Il poliziotto è ancora alla scrivania. Lo saluta ed esce dal commissariato.

Il sole, adesso, non brucia più, sono già le sei. Guarda un'ultima volta verso la *bottega* di Toni. Sotto gli alberi ci sono due uomini anziani che fumano e parlano.

Poi vede di nuovo l'insegna "Da Pippo". Attraversa la piazza. Ci sono alcuni bambini che giocano con un pallone. Una donna sul balcone *stende* dei vestiti ad asciugare. Poi arriva di fronte alla *locanda*. Apre la porta ed entra.

Capitolo 2: Alla taverna

La *locanda* "Da Pippo" è una tipica taverna di mare, *accogliente*, con grossi tavoli di legno scuro. Sulle sedie ci sono cuscini a quadretti bianchi e rossi. Le pareti sono piene di quadri, foto e altri oggetti: pezzi di reti per pescare, piccole ancore, grosse conchiglie. L'ambiente ha un aspetto familiare. Al lungo *bancone* sono seduti alcuni uomini che bevono birra.

"Buonasera", dice una voce alle spalle del commissario. "Sono Pippo." Un uomo dalla faccia simpatica *porge* la mano al commissario.

!

Übung 4: Bilden Sie die richtige Pluralform!

1. la parete _____

2. il quadro _____

3. la foto _____

4. l'oggetto _____

5. l'uomo _____

6. la mano _____

7. la camera _____

8. il pallone _____

9. la faccia _____

"Come posso aiutarLa? Vuole cenare?"

"Buonasera, sono il commissario Lo Verso."

"Mamma mia! Cosa hai *combinato* questa volta? Ti vogliono addirittura arrestare!", dice un'altra voce. Una donna alta e robusta con le *guance* rosse e un largo sorriso sulla faccia si avvicina a Pippo.

"Questa è mia moglie Lucia, Commissario", spiega Pippo. Ricambia il sorriso della donna e le mette una mano sulla spalla. Lo Verso guarda la simpatica coppia e risponde: "Non si preoccupi, signora, Suo marito non ha fatto nulla. Mi trovo qui per risolvere un caso. Devo fermarmi in paese per alcuni giorni e so che voi affittate delle camere."

"Certamente, Commissario. Le do la migliore che abbiamo, spaziosa e tranquilla. *Si affaccia* sul mare", dice Pippo. Intanto Lucia versa qualcosa in un piccolo bicchiere. Lo *porge* al commissario e dice: "*Assaggi* questo, lo facciamo in casa."

Lo Verso beve un piccolo sorso dal bicchiere. Improvvisamente un calore infiamma la sua gola; tossisce e con un *filo di voce* dice: "Buono. Un po' forte, ma buono, questo limoncello!"

"Cosa ne dice di *assaggiare* anche il nostro piatto forte?", aggiunge

Pippo. "Stasera mia moglie prepara la sua specialità, spaghetti ai frutti di mare."

"Perché no", risponde Lo Verso, "molto volentieri. Prima però vorrei andare in camera e cambiarmi. È stata una giornata pesante. Ho bisogno di *rinfrescarmi*."

"Certamente", dice Pippo, "venga." Il commissario segue l'uomo. Insieme salgono su per le scale. Si sente un odore di pulito, di fresco. La camera è molto *accogliente* e familiare.

"Le piace, Commissario?" chiede Pippo.

"Perfetta", risponde Lo Verso. Poi Pippo gli dà le chiavi, esce e chiude la porta.

Il commissario *posa* per terra le sue cose e si siede sul letto. Si sente molto stanco. Dalla finestra *socchiusa* entra l'odore dei limoni e dei *gelsomini*. Poi si alza e *si affaccia*. Lo spettacolo è meraviglioso: il sole è quasi *scomparso* tutto dietro l'orizzonte. Gli ultimi raggi colorano l'acqua di lilla e arancione. I pescatori sulla spiaggia *sistemano* le reti e cantano vecchie canzoni. Una coppia passeggia tenendosi per mano.

Domani voglio sentire cosa dice questo Toni, pensa Lo Verso e va in bagno a fare una doccia. Poi si veste, si guarda allo specchio per vedere se tutto è a posto. Esce dalla camera.

Adesso la taverna è piena di gente. Ad un tavolo sono seduti alcuni ragazzi che mangiano una pizza e ridono. Ci sono anche alcune coppie e molta altra gente. Al bar, Pippo *è impegnato* a versare birra ai vecchi uomini che sono ancora lì da prima. Lava altri bicchieri e li asciuga.

"Oh, Commissario!", dice poi avvicinandosi, "Le ho preparato questo tavolo, si accomodi."

Il commissario si siede al tavolo che si trova in un angolo più tranquillo, vicino al *bancone* con gli uomini. Dopo pochi istanti arriva una ragazza molto carina, con lunghi capelli scuri raccolti in una *treccia*: "Buonasera, la mamma Le consiglia di cominciare con queste", dice la ragazza appoggiando sul tavolo un piatto con delle bruschette, "fra dieci minuti la pasta sarà pronta."

Intanto dal bar, Pippo la chiama: "Francesca, porta questo vino al tavolo di Don Luigi, per favore."

"Arrivo, papà", risponde Francesca e corre a prendere il *vassoio* preparato dal padre.

Le bruschette sono ottime, con pomodoro fresco e basilico. Lo Verso le mangia tutte.

Dopo alcuni istanti Lucia esce dalla cucina. Porta un grande piatto di spaghetti. Viene verso di lui con il suo solito sorriso e le *guance* sempre più rosse. La donna gli mette il piatto davanti e poi chiede: "Erano buone le bruschette, Commissario?"

"Squisite", risponde Lo Verso e aggiunge: "ho, inoltre, avuto il *piacere* di conoscere Sua figlia, bella ragazza, davvero."

"Grazie, Commissario, lo dicono tutti che è la ragazza più bella del paese. Ed è pure brava, Commissario, studia tutto il giorno e poi la sera ci aiuta con i clienti."

Nel frattempo Lo Verso ha *assaggiato* gli spaghetti.

"Complimenti per la pasta", dice alla donna.

"È la nostra specialità", risponde Lucia, mentre si allontana dal tavolo.

Il commissario continua a mangiare. Nel frattempo pensa che quella gente è molto simpatica e ospitale.

Improvvisamente sente un rumore, si gira. Uno degli uomini seduti al bar si è alzato in piedi e ha fatto cadere la sedia. Sembra molto agitato. "Non dirmi che credi a quelle storie da ragazzini!", dice l'uomo rivolto ad un altro.

"Perché tu no? Tutti ci credono. E tutti pensano che il vecchio del *faro* l'ha trovato, ha messo il naso dove non doveva. Sarà questo il motivo per il quale è *scomparso* il vecchio."

"Calma, calma, altrimenti per oggi niente più birra", interviene Pippo e cerca di tranquillizzare gli uomini. Poi osserva il commissario. Lo Verso, con aria *incuriosita*, sta ascoltando quei discorsi. Si alza e si avvicina al *bancone* del bar. Chiede anche lui una birra e rimane lì per ascoltare meglio quei racconti. Potrebbero essere interessanti.

"Non si faccia *impressionare* da questi vecchi *ubriaconi* e dalle loro storie, Commissario", esclama Pippo, "sono solo leggende di pescatori."

"Stai attento, Pippo", risponde una voce che arriva dalle loro spalle, "dovresti rispettare le leggende della tua terra! C'è sempre un fondo di verità nelle leggende, ma voi giovani non credete più in niente."

Il commissario si gira.

Un uomo molto anziano *avanza zoppicando* verso di loro. *Dà un'occhiata* veloce al commissario, si siede accanto a lui e ordina un whisky.

"Salvatore, non cominciare anche tu! Il nostro povero commissario è già stanco di tutte queste assurdità!"

"Non si preoccupi, Pippo, vorrei ascoltare, mi interessano molto le vecchie leggende. Sono un *amante* di storia antica e le leggende fanno sempre parte della storia di un luogo." Poi si gira verso il vecchio appena arrivato e ordina un whiskey anche lui.

! *Übung 5: Welche Gegenteile gehören zusammen? Ordnen Sie zu!*

1. anziano	☐ ricco
2. veloce	☐ mai
3. povero	☐ giovane
4. sempre	☐ calmo

5. vecchio	☐ finire
6. molto	☐ lento
7. cominciare	☐ poco
8. agitato	☐ nuovo

"Mi chiamo Salvatore", comincia il vecchio, "ero pescatore una volta e come tutti i pescatori ho imparato a conoscere il mare e le sue leggende. Ma questa non è una leggenda. Questa è la verità. Il *guardiano* del *faro* doveva saperlo. Non si deve disturbare il riposo dei *guardiani* del mare! Chissà che fine ha fatto!"

A questo punto interviene Pippo: "Deve sapere, Commissario, che da moltissimi anni si racconta che ci sia un *tesoro* prezioso sotto il *faro*. Creature *mostruose fanno la guardia* e *uccidono* tutti quelli che si avvicinano per rubarlo. È ovvio che sono solo storie di pescatori, ma sembra che dopo la scomparsa del vecchio *guardiano* del *faro* siano tornate di moda."

"Capisco", dice Lo Verso. Si alza e si avvicina ad alcune foto appese al muro. Sono vecchie immagini del *faro* e del paese.

"Queste *foto* sono state *scattate* circa cinquant'anni fa", spiega Pippo. Poi Lo Verso vede una piccola foto e si ferma un attimo a riflettere. Nella foto si vede Francesca insieme ad un giovane.

Gli sembra di conoscerlo... ma certo, è il ragazzo che quella mattina lo ha accompagnato al *faro*.

Pippo si accorge che il commissario è interessato a quella foto e dice: "Questo qui insieme a mia figlia è il suo fidanzato, si chiama Nicola, un ragazzo d'oro. *Si* è *laureato* l'anno scorso in lettere classiche e da alcuni mesi lavora nella biblioteca del paese. Qualche volta il sabato e la domenica viene perfino a *darci una mano* qui."

"Credo di averlo già conosciuto", dice il commissario.

Dopo si guarda attorno. Non c'è più molta gente nel locale. Ormai è tardi e quasi tutti sono andati via.

Übung 6: Was macht der Kommissar? Lesen Sie weiter und setzen Sie die richtige Verbform ein!

Lui (1. cominciare) _____ a sentirsi veramente stanco.

(2. decidere) _____ di ritirarsi nella sua camera.

Quella giornata è stata davvero faticosa. Dunque (3. salutare)

_____ tutti e se ne (4. andare) _____. Appena

(5. arrivare) _____ nella stanza (6. togliersi)

_____ i vestiti e (7. *sdraiarsi*) _____ sul letto.

Quella notte (8. dormire) _____ profondamente ma

(9. fare) _____ dei sogni molto strani. (10. sentirsi)

_____ agitato. Tutte quelle storie di *tesori* e di mostri

marini si sono mescolate nella sua testa.

La mattina dopo viene svegliato dalle *urla* dei pescatori che vendono, ai margini della spiaggia, il pesce appena preso.
Rimane qualche minuto a *stirarsi* nel letto. Poi si alza. Apre la finestra. L'aria profuma di sale. Va in bagno e si fa la barba. Intanto pensa che per prima cosa vuole andare da Toni. Chissà se è veramente cambiato.
Quando finisce di prepararsi, Lo Verso va giù.
Non c'è ancora nessuno. Sente i rumori che vengono dalla cucina e una canzone alla radio.
Entra un giovane. Il commissario lo riconosce subito; è il ragazzo del giorno prima, lo stesso della foto.
"Oh, buongiorno, ci rivediamo!", dice Lo Verso.

"Buongiorno; eh sì, il paese è piccolo come può vedere", risponde il ragazzo.

"Dunque *alloggia* qui?", chiede ancora.

"Fare domande è una sua caratteristica!", risponde il commissario in tono sarcastico, "comunque sì. Persone molto simpatiche i genitori della Sua fidanzata!"

"Ha ragione. Pippo e Lucia sono davvero unici."

"Ho saputo che Lei lavora alla biblioteca comunale", dice il commissario.

"Infatti", risponde il giovane.

"Magari uno di questi giorni vengo a trovarLa. Mi interessano i libri e magari troverò anche qualcosa che potrà essermi utile. A quanto pare, questo paese è pieno di strane storie."

"Quando vuole. Le do un consiglio però: non *si fidi* troppo di quello che si racconta. Dopo la scomparsa del vecchio Domenico, la gente si è fatta prendere dalle fantasie."

"Ah, Lei lo conosce?", chiede Lo Verso.

"Tutti lo conoscono, è il *guardiano* del *faro* da tantissimi anni. Nessuno meglio di lui conosce quel posto e tutte le sue leggende. Quando ero piccolo, andavo sempre a trovarlo. Mi raccontava delle storie fantastiche. Adesso non lo vedo da diversi mesi. *Sono* molto *impegnato* con il mio lavoro, ho sempre poco tempo."

"Ciao Nicola." Lucia esce dalla cucina con un *vassoio* pieno di *frittelle* ricoperte di zucchero.

"Buongiorno Lucia", risponde il ragazzo e alla vista delle *frittelle* i suoi occhi si illuminano. "Adoro le *frittelle* di Lucia quanto adoro sua figlia", scherza il giovane.

"Ah, così mi vuoi paragonare ad una *frittella*!" Francesca arriva alle spalle del ragazzo e lo abbraccia forte ridendo.

"Solo a quelle di tua madre", risponde con un sorriso il giovane e ricambia affettuosamente l'abbraccio.

"Come va la gamba?", chiede Francesca.

"Fa ancora un po' male, ma va meglio", risponde Nicola mangiando una *frittella*. "Sono *scivolato* sulle scale. Erano bagnate", spiega il giovane al commissario, "ma è tardissimo, devo andare al lavoro!", dice improvvisamente e si alza in piedi.

Dà un bacio a Francesca, saluta tutti ed esce *zoppicando* un po'.

"Commissario, mangi un'altra *frittella*, prima che diventino fredde!", insiste Lucia.

"Grazie, ma adesso devo andare anche io. Ho parecchie cose da fare oggi", risponde il commissario. Prende la sua borsa ed esce in strada. Il sole brucia già, anche se sono solo le nove e mezza.

Nella piazza, stamattina, c'è un piccolo mercato. Alcuni contadini vendono frutta e *ortaggi*. Ci sono anche dei pescatori con le *ceste* piene di tonni e acciughe. Tutti urlano per vendere la loro *merce*. Le donne, con le borse piene, si muovono allegre fra le *bancarelle*. Un uomo con un carretto vende bevande fresche e gelati. Il commissario si ferma un attimo. Lui adora il gelato, ma adesso ha mangiato troppe *frittelle*. Cerca di orientarsi fra la gente, poi vede la *tenda* rossa e va in quella direzione. Arriva davanti alla *bottega* di Toni. Fuori non c'è nessuno. Entra dentro il negozio. Non c'è nessuno neanche lì, ma una voce, dal *retrobottega*, dice: "Arrivo subito, un secondo."

Allora Lo Verso aspetta e intanto si guarda attorno. L'interno è piccolo, ma ben organizzato. Sulle pareti ci sono gli *scaffali* con i prodotti. In fondo, su un lato, c'è un piccolo *bancone* con la cassa e sull'altra parete il *banco* dei salumi.

Dopo alcuni istanti, una donna molto bella dalla pelle un po' scura e dai capelli nerissimi viene fuori da dietro una *tenda* colorata con un cesto di frutta in mano. Con gentilezza si rivolge al commissario: "Buongiorno. Posso aiutarLa?"

"Cerco il signor Toni De Grazia, sono il commissario Lo Verso."

Capitolo 3: Lo Verso indaga

Toni De Grazia entra dopo circa venti minuti. Tiene fra le braccia alcuni sacchetti della spesa. "Ecco qui, ho comprato anche quella nuova rivista che mi hai chiesto", dice alla donna e appoggia i sacchetti su una sedia, in un angolo.

Übung 7: Toni De Grazias Ehefrau ist sehr nervös und hat einige Wörter vergessen. Lesen Sie weiter und vervollständigen Sie den Text mit den Wörtern in Klammern!
(clienti, commissario, gente, parlare, male, sedere, storia)

La donna preoccupata gli dice subito: "Toni, di là c'è un (1.) _____ della polizia. Vuole (2.) _____ con te.

L'ho fatto (3.) _____ nel retro, perché tu non arrivavi.

Non voglio che i (4.) _____ lo vedano qui. Sono stanca

di tutta questa (5.) _____. La (6.) _____

pensa che tu abbia fatto del (7.) _____ al vecchio

Domenico."

Toni prende la mano della moglie e con voce calma le dice: "Stai tranquilla, tutto andrà bene." Poi va nel *retrobottega*. "Mi sembra di essere tornato indietro nel tempo, quando la polizia faceva la fila per 'intervistarmi'. Che tempi!", dice sorridendo e *porge* la mano al commissario. "Buongiorno, sono Toni, Toni De Grazia. Mia moglie mi ha detto che mi stava aspettando."

"Sì. Vorrei chiederLe alcune informazioni su quello che è accaduto", spiega Lo Verso. "Non voglio disturbarLa al lavoro, Le rubo solo poco tempo."

"Non si preoccupi, non mi disturba", risponde Toni, "però ho già detto tutto quello che so al Suo collega Torre. Vorrei essere più utile. Sono molto preoccupato per Domenico. Spero, almeno, che non gli abbiano fatto del male."

"Se non Le dispiace vorrei farLe lo stesso alcune domande."

"Bene, allora si accomodi, Le preparo un caffè."

Mentre Toni prepara il caffè, il commissario continua: "Mi dica, quando ha visto per l'ultima volta il vecchio Domenico?"

"Circa una settimana fa", risponde Toni. "Gli ho portato la spesa come al solito. Abbiamo parlato per un po'. Mi ha offerto il caffè. Niente di particolare. È un uomo molto tranquillo, ama la solitudine, ma ogni tanto gli fa *piacere scambiare qualche parola*."

"Ha notato qualcosa di strano? Le sembrava preoccupato?", chiede ancora il commissario.

"Non particolarmente. Forse mi sembrava un po' più stanco del solito, un po' *affaticato*. Ma non mi sembra che... aspetti però... " Toni De Grazia si ferma un attimo a riflettere, "se non sbaglio mi ha detto qualcosa su una certa discussione con Padre Calogero. Hanno di nuovo litigato. Credo sempre per quelle leggende. È arrivato anche lui al *faro* la mattina in cui è *scomparso* Domenico. Forse voleva fare pace col vecchio."

"Ho già sentito parlare delle leggende. Però sembra che la gente, qui, sia molto condizionata da queste storie", dice il commissario.

"Cosa vuole, siamo in un piccolo paese. La gente si diverte con certe cose."

"Sì, ma qui è *scomparso* un uomo. Leggende o no, è stato commesso un *reato*. Magari qualcuno pensa che queste leggende nascondano qualcosa di reale. Poi ho già sentito che questo Padre Calogero litiga spesso con il *guardiano*. Perché?"

"Senta, Commissario, io non lo so cosa è successo. So che la polizia e anche la gente pensano che io sia dentro questa storia. Non è così. È vero, in passato ho fatto degli errori. Ma adesso ho una moglie e una figlia. Non metterei mai a rischio la mia famiglia. Poi per quanto *riguarda* i *litigi* fra quei due, non mi preoccuperei. Fanno così da anni. Litigano e poi sono di nuovo insieme a bere un bicchiere e giocare a carte."

Intanto dal negozio si sente: "Toni, vieni ad aiutarmi, per favore, c'è gente che aspetta!"

"Bene, per adesso La lascio", dice Lo Verso, "però si tenga a disposizione. Capisce che purtroppo Lei *è coinvolto* in questa storia. Fino a quando non si scoprirà la verità, Lei resta uno dei maggiori *sospettati*." Il commissario esce dalla porta del retro.

Übung 8: Lesen Sie weiter und setzen Sie die richtigen Präpositionen ein!
(al, alla, dal, di, fino al, nel, nella (2x), sotto, sul)

Percorre una piccola strada e arriva (1.) _____ nuovo (2.) _____

piazza. Va (3.) _____ sua macchina, parcheggiata ancora

(4.) _____ piccola via. Parte e percorre tutta la strada (5.) _____

promontorio. Lascia la macchina (6.) _____ solito posto e prende,

(7.) _____ *sedile posteriore*, la giacca trovata (8.) _____ *faro*.

(9.) _____ il sole ormai caldo sale (10.) _____ sentiero.

Arrivato in cima si ferma. Da una parte c'è il *faro*, dall'altra il sentiero continua. *Prosegue* per alcuni metri in quella direzione. Finalmente vede la piccola chiesa. È *aggrappata* alla roccia. Le pareti rosa contrastano con la pietra bianca della *scogliera*. Si ferma un attimo. Riprende fiato e poi scende la lunga scalinata di pietra gialla. Arriva in fondo. Il piccolo portone di legno è aperto. Entra.

Subito a sinistra, su un *inginocchiatoio*, un grosso gatto grigio *sonnecchia*. Non si muove neanche quando il commissario passa accanto a lui. In fondo, c'è un piccolo altare di pietra. In un angolo, una statua della Beata Vergine. Lo Verso arriva vicino all'altare. Di lato c'è una piccola sagrestia. Non c'è nessuno. Si guarda ancora una volta attorno. C'è molta quiete. Mette una moneta nelle offerte per i poveri ed esce. Risale la *gradinata*. L'aria è molto calda. Finalmente arriva davanti al *faro*. Accanto alla porta c'è la *cuccia* e il cane è sdraiato lì. Quando il commissario arriva, l'animale lo guarda, ma rimane tranquillo. Lo Verso si avvicina – la porta è già aperta!

Si ferma e prende la sua pistola. Entra lentamente tenendo l'arma davanti a sé con una mano e la giacca nell'altra. Un rumore proviene dalla cucina. Allora pian piano va avanti. Apre di colpo la porta. Lascia cadere la giacca per terra. Con entrambe le mani tiene la pistola dritta davanti alla sua faccia e urla: "Mani in alto, polizia!"

! *Übung 9: Lesen Sie weiter und ergänzen Sie die richtigen Adjektivendungen!*

Un ometto (1.) bass____ e (2.) grass____ dai capelli (3.) scur____ stava *rovistando* nei cassetti. Si butta velocemente per terra e (4.) terrorizzat____ dice: "Fermi, fermi, La prego! Sono un prete... sono il prete! Sono Padre Calogero!"

Il commissario mette giù l'arma e con voce (5.) *alterat___* dice:

"Cosa ci fa qui? Come ha fatto ad entrare? La porta era (6.) chius___. Si stanno svolgendo delle indagini, qui!"

"Lo so, ma... io vengo spesso qui. Io e Domenico siamo amici..."

"Veramente mi risulta che litigate spesso", continua Lo Verso.

"Ma no, ci conosciamo da molto tempo. Vede, la mia chiesa è qui vicino. Guardi, si vede dalla finestra", dice il prete indicando fuori col suo dito grassoccio.

"Però non mi ha ancora detto cosa ci fa qui, adesso. Sa cosa è successo al vecchio Domenico, vero?"

"Io... veramente, ho dimenticato qualcosa l'ultima volta che sono stato qui... la stavo cercando." Poi il prete vede la giacca per terra: "Sì, la mia giacca, cercavo proprio quella. Perché ce l'aveva Lei?"

"L'abbiamo trovata quando abbiamo *perquisito* la casa. Deve stare più attento, Padre! Soprattutto a non dire bugie... cosa cercava nei cassetti, prima? Non mi dica la giacca!"

"Mi scusi, ma adesso devo andare, devo celebrare la messa, la gente sarà già in chiesa. Non ho tempo. Domani, magari. Venga domani." Il prete esce in fretta e si *trascina* dietro la giacca. Lo Verso fa ancora un giro nelle stanze. Torna nella camera del vecchio e apre di nuovo tutti i cassetti.

Vede di nuovo il libro con la *copertina* rossa. Mentre lo prende in mano, qualcosa cade dalle sue pagine sul pavimento. Il commissario guarda per terra e vede una chiave. Strano posto per tenere una chiave, pensa, questo vecchio nasconde qualcosa. Poi guarda ancora nelle altre stanze, ma non trova niente. Prende la chiave e decide di tornare in paese.

Una volta lì, va direttamente alla biblioteca comunale.

L'edificio è molto grande, antico, con colonne di marmo. Entra,

123

sale la scala bianca ed arriva in una grande sala silenziosa. In mezzo c'è una scrivania rotonda. Il giovane Nicola è seduto lì. Quando vede il commissario si alza e gli va incontro. "Commissario, che *piacere*. Ha mantenuto la Sua parola!"

"È quello che cerco sempre di fare, quando posso. Vorrei *dare un'occhiata*."

"Faccia pure. Se posso aiutarLa in qualche modo... "

"Per adesso vorrei solo guardare, grazie", risponde Lo Verso e comincia a girare fra gli *scaffali* pieni di libri. Ad un certo punto si ferma davanti ad una *mensola* e legge tutti i titoli. Sono libri sulla storia e le leggende di Cinisi. Ne prende uno. Lo sfoglia.

Quello che mi serve, pensa. Torna dal giovane. "Prendo questo", dice mostrandogli il libro. Poi aggiunge: "Vieni alla *locanda* stasera?"

"Purtroppo non posso, domani mattina presto devo partire per andare ad una *fiera* di libri, vicino Firenze. Starò via quattro o cinque giorni."

"Allora buon viaggio", dice il commissario.

"Grazie. Chi lo sa, forse Lei sarà ancora qui quando torno", risponde Nicola.

"Spero proprio di no! Vorrei risolvere presto questo caso." Prende il suo libro, saluta Nicola ed esce.

Quando arriva nella piazza sono già le sette. L'ispettore Torre è davanti al commissariato. Lo Verso si avvicina.

"Caro Vincenzo, come *procedono* le tue indagini?", chiede Torre.

"Tutto è molto strano, Angelo. Non ho le idee chiare su questa storia. Però sono sicuro di una cosa... qui, non tutti sono quello che vogliono far credere. C'è più di una persona che sa qualcosa."

"Ho fatto esaminare i *campioni* di sangue, come avevi chiesto. Vieni, ti spiego", dice l'ispettore. I due uomini vanno nell'ufficio.

"Ho parlato con quelli della *scientifica*. Dicono che una parte del sangue trovato per terra appartiene sicuramente al cane. Il resto lo sapremo domani."

"Va bene, aspettiamo allora", dice Lo Verso, "adesso vado a mangiare qualcosa e a riposare." I due uomini si salutano.

Übung 10: Bringen Sie die Wörter in die richtige Reihenfolge!

1. presto   caso   vorrei   questo   risolvere

_____

2. nella   sette   quando   le   arriva   sono   già   piazza

_____

3. le   Vincenzo   come   tue   caro   indagini   procedono

_____

4. di   una   qualcosa   più   sa   c'è   persona   che

_____

5. vanno   due   i   ufficio   nell'   uomini

_____

6. resto   sapremo   il   domani   lo

_____

Dopo essersi lavato, Lo Verso si veste. Decide di scendere giù nel ristorante. Prima di uscire, *dà un* ultima *occhiata* al libro appoggiato sul letto. È molto curioso di cominciare a leggerlo.

Nel locale stasera c'è poca gente. Non ha molta fame, mangia solo un'insalata. Scambia alcune parole con Pippo e poi molto presto torna nella sua camera. Si *accende* una sigaretta, si siede sul letto e riflette un po'. Dopo *si sdraia*, apre il libro e comincia a leggere: "Cinisi è una cittadina in provincia di Palermo. La sua origine risale al periodo arabo. Secondo alcune fonti, però, il paese ha probabilmente *radici* più antiche..." Poi le parole si confondono. È troppo stanco per leggere, si addormenta.

Il suo sonno è molto leggero. Ad un certo punto si sveglia. Gli sembra di sentire qualcosa, ma poi pensa di aver sognato. Si gira sul *fianco* e cerca di riprendere sonno. Sente di nuovo qualcosa... una voce. Una donna, forse nella camera accanto, parla e piange. È Francesca! Allora il commissario si siede e cerca di ascoltare: "No, non ti credo. Sono sicura che c'è un'altra. Mi dici solo bugie. Poi, quel biglietto che non volevi farmi vedere. Ho visto che c'è un numero di telefono. Di chi è? Sono stanca delle tue bugie. Comunque quando torni ne riparliamo."

Poi il commissario non sente più niente, allora *si sdraia* di nuovo e cerca di riaddormentarsi. La mattina, quando si sveglia, è già tardi. Si veste in fretta e scende subito. Non può cominciare la giornata senza un caffè. Giù trova Francesca che serve due clienti. Lo Verso si siede ad un tavolo e dopo alcuni minuti la ragazza arriva e gli porta del pane caldo. Gli serve del caffè e poi cerca di allontanarsi *imbarazzata*. "Tutto bene Francesca?", chiede il commissario.

"Mi ha sentita stanotte, vero? Mi dispiace se L'ho disturbata."

"Non preoccuparti, piuttosto tu non *prendertela* troppo."

"Vorrei, Commissario, ma Nicola mi ha *deluso* molto. Mi dice delle bugie. Forse mi *tradisce*... oh mi scusi devo andare, mia madre mi chiama." La ragazza scappa via. Mentre il commissario finisce di bere il caffè, squilla il suo telefonino: "Pronto, ciao Angelo. No, sono sveglio, anzi, sto per uscire. Cosa? Anche lui? Senti, arrivo subito così mi spieghi meglio cosa è successo."

Il commissario si alza ed esce di corsa, senza finire la colazione.

Capitolo 4: Tutto si risolve

"Vincenzo, meno male che sei arrivato. Qui non si capisce più niente. Stamattina, all'*alba*, qualcuno ha *aggredito* Padre Calogero. Le due vecchie donne che la mattina presto puliscono la chiesa l'hanno trovato a terra, *svenuto*. Hanno subito telefonato qui. Ho mandato i miei ragazzi a fare un *sopralluogo*. A quanto pare, lo hanno *colpito* con un oggetto pesante alla testa. Per fortuna non è niente di grave. Adesso è all'ospedale di Partinico per un controllo."

"*Accidenti*! La faccenda si complica. I miei *sospetti* cadono. Devo andare subito a parlare con Padre Calogero. Forse può spiegarmi molte cose." Proprio in quel momento entra un giovane poliziotto con una grande busta: "I risultati dell'esame, Ispettore."

"Arrivano al momento giusto", dice Torre. Apre la busta e legge. "Dunque... hanno analizzato il DNA sia di alcuni capelli trovati nella spazzola del vecchio sia del sangue trovato per terra. Non è del vecchio. E neanche di Toni."

"Bene, allora io vado all'ospedale. Ci vediamo fra alcune ore."

Lo Verso esce e raggiunge la sua macchina. Dopo circa venti chilometri arriva a Partinico. L'ospedale non è molto grande. All'entrata chiede ad un'*infermiera*: "Scusi, in quale stanza si trova Padre Calogero? È stato portato qui da Cinisi circa un'ora fa."

La donna consulta un registro: "È al terzo piano. Stanza 23. Ma a quest'ora le visite non sono permesse."

"Va bene, grazie. Torno più tardi."

Lo Verso si allontana. Aspetta alcuni istanti. Quando l'*infermiera* sparisce dentro una stanza, sale sull'ascensore. "Dunque... terzo piano", e *preme* il *pulsante*. Nel lungo corridoio non c'è nessuno. Stanza 19... 21... eccola! Stanza 23. La porta è chiusa. Bussa due volte. Nessuno risponde. Piano piano apre e mette dentro la testa.

Padre Calogero è lì. Solo e immobile, nell'unico letto della stanza. Il commissario entra silenziosamente e si avvicina. Il prete dorme profondamente. Pensa di aspettare fuori. Quando sta per uscire una voce dice piano: "Sospettava di me, vero?"

Lo Verso si gira. Padre Calogero lo guarda con i suoi piccoli occhi rotondi.

"Non voglio disturbare, se vuole torno più tardi", risponde Lo Verso.

"Sono stato uno stupido. Avrei dovuto raccontarLe tutto subito. Ma non ho capito neanch'io cosa succedeva."

"La prego, mi racconti come stanno le cose."

"Deve sapere che tutte le storie che la gente racconta sul *faro* hanno un fondo di verità. Ma le leggende, come Lei sa, hanno più successo. Cinisi ha origini molto antiche. I greci fondarono, in questa zona, un piccolo villaggio. Gli abitanti erano soprattutto pescatori. Il paese era ricco e *fiorente*. Per ringraziare le divinità del mare, gli abitanti organizzavano ogni anno una grande festa e offrivano alle divinità molti *doni*, per esempio gioielli, pietre preziose e altre oggetti di valore. Queste offerte venivano depositate nelle grotte del *promontorio*. Negli anni sono nate poi tante leggende, compresa quella dei mostri che difendono il *tesoro*."

"Ma nessuno dci *beni culturali* ha mai fatto delle ricerche?"

"Alcuni anni fa sono arrivate delle persone dal museo archeologico di Palermo. Volevano cominciare gli *scavi*, quando i *fondi* sono stati tagliati. Forse si sono resi conto che le ricerche in questa zona sono difficili. È vero, ci sono grotte e gallerie molto antiche, ma quasi tutte sono *crollate*."

"Ma questo cosa c'entra con il vecchio Domenico?"

"La sera prima della sua scomparsa mi ha telefonato. Sembrava preoccupato. Mi ha solo detto di andare da lui prima possibile. Per prendere una certa chiave, credo. Mi avrebbe spiegato tutto il giorno dopo. In quel momento non poteva parlare, sembrava molto agitato. Quando la mattina dopo sono andato da lui ho trovato Toni nel panico. Il vecchio era *scomparso*. La polizia era lì. Non ho più pensato alla chiave. Ieri, quando Lei mi ha *sorpreso*, ero tornato per cercarla."

Certo, la chiave!, pensa il commissario, e io senza volere l'ho trovata.

"Perché qualcuno dovrebbe essere interessato ad una chiave?", chiede poi al prete.

"Questo non lo so. Probabilmente solo Domenico può spiegarcelo. *Sono* molto *in pena per* lui. Spero non gli abbiano fatto del male. È vero, discutiamo spesso, a volte litighiamo. Ma solo perché lui vuole sempre convincermi a credere in queste leggende. Ma sa, io sono un prete..."

"Ma chi L'ha *aggredita* come faceva a sapere che Lei doveva prendere la chiave?", chiede ancora Lo Verso.

"Non lo so", risponde il prete, "forse ha sentito la telefonata di Domenico."

"Adesso è meglio che vada." Il commissario lo ringrazia ed esce. Padre Calogero si fa il segno della croce e dice: "Che Dio ti aiuti, figliolo!"

Lo Verso esce dall'ospedale. Sale sulla sua macchina per tornare a Cinisi. Mentre guida ascolta le notizie alla radio: "La *fiera* del libro, organizzata dalla provincia di Firenze, *si è conclusa* ieri. Molti visitatori...", la voce continua, ma il commissario non ascolta più. Ripensa a Francesca. Forse ha ragione, lui la *tradisce*.

Il commissario arriva di nuovo al *faro*. Comincia a piovere. Prima di entrare si avvicina al cane. Con le mani cerca sotto il pelo. L'animale ha una *ferita* sul collo. Lo Verso entra nel *faro*. Mentre passa davanti alla cucina, il suo sguardo cade sul calendario strappato.

"Ma certo! Perché non ci ho pensato prima!" Corre nella stanza del vecchio. Apre il cassetto. Prende in mano il libro e *strappa* la *copertina* rossa. Vede la grossa etichetta della biblioteca. "Come pensavo." Proprio in quel momento il cane comincia ad *abbaiare*. Il commissario va nel corridoio e lentamente si avvicina alla porta. Comincia a far buio e la pioggia è sempre più *fitta*. Vede qualcuno fra i *cespugli*. Di nascosto lo segue. L'individuo *si arrampica* sulle rocce fra le piante. Camminano per un po', fra gli alberi e i *cespugli*. Poi il commissario sente delle voci.

"Il tuo amico non ce l'ha! Non sono neanche quelle *appese al chiodo*. Mi sono stancato dei tuoi *giochetti*. Se non mi dici dov'è fai una brutta fine!" Dopo l'uomo si allontana senza girarsi.

Lo Verso aspetta un attimo. Poi corre dove prima c'era l'uomo. Nascosto dai *cespugli* c'è un vecchio *pozzo* di pietra. Il commissario *si affaccia*. Sul fondo scuro si *scorge* un uomo anziano. È completamente bagnato. Sembra stanco e spaventato.

"Domenico? È Lei?", chiede il commissario.

"Stia attento! Tornerà presto", risponde il vecchio.

"Vedo che anche Lei è curioso, Commissario." Lo Verso si gira. Nicola tiene in mano una pistola e gliela punta in faccia. "Avevo calcolato tutto alla perfezione. Lei è proprio un bravo *ficcanaso*! Ma questo può essere uno svantaggio qualche volta." Il giovane *avanza* lentamente senza abbassare l'arma. "*Posi* la pistola", ordina al commissario. Lo Verso si abbassa pian piano per *posare* l'arma. Ma poi all'improvviso si lancia verso il giovane. Parte un colpo. Il rumore dello *sparo risuona* per tutta la valle...

"Per fortuna sei arrivato proprio al momento giusto, Angelo", dice Lo Verso al suo amico Torre, mentre escono dal *pronto soccorso*.

"Nessuno sapeva dove eri finito. Ho pensato di cercarti al *faro*. Quando sono arrivato la porta era aperta. Ho visto delle *tracce* nel fango e le ho seguite fino a qui."

"Meno male, mi ha *preso* solo *di striscio*. La *ferita* è molto superficiale. Guarirà fra qualche settimana", continua Lo Verso toccandosi il braccio fasciato.

"Il giovane ha confessato", racconta Torre. "Da alcuni mesi stava facendo delle ricerche *approfondite* sul *promontorio*. Aveva scoperto che dal *faro* si poteva arrivare alle grotte. Ma le gallerie che portano alle grotte sono state controllate varie volte. In alcuni punti sono *crollate* oppure arrivano al mare. Una volta venivano usate dai pescatori. Poi dai soldati, durante la guerra. Per questo si può accedere dalla cantina del *faro* attraverso una grossa porta di ferro. La chiave che Nicola voleva apre quella porta. Era convinto di trovare ancora qualcosa di prezioso e ha perso la testa. *Ricattava* il vecchio. Quando ha visto che non collaborava lo ha *rapito*. Ma come hai fatto a capirlo? Sembrava una persona a posto."

"Sono andato al *faro* ieri sera perché volevo scoprire qualcosa in più su questa chiave. Mentre passavo dalla cucina ho rivisto il calendario con la pagina strappata. Ho ripensato alla notte prima. Francesca litigava al telefono con Nicola a causa di un numero che lui nascondeva. Lei aveva ragione, lui mentiva davvero. Anche la *fiera* dei libri era solo una scusa. La *prova* definitiva è stato il libro nel cassetto. Appartiene alla biblioteca. Ma lui stesso mi ha detto una sera alla *locanda* che non vedeva il vecchio Domenico da mesi. Nicola ha cercato di eliminare tutte le *tracce*. Ha *strappato* la pagina col proprio numero di telefono e ha messo una *copertina* rossa al libro prima di darlo al vecchio. Non voleva far sapere che aveva contatti con lui. Poteva anche riprendersi il libro, ma sicuramente non l'ha trovato. Era ben nascosto nel cassetto!"

"E pensare che ha preso in giro anche me", dice Torre, "quando l'ho visto, in piazza, alcuni giorni fa, mi ha detto che *zoppicava* perché era caduto dalle scale. Invece il cane lo ha *morso* per difendere il suo padrone e lui lo ha *colpito* con la bottiglia."

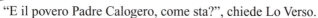

"E il povero Padre Calogero, come sta?", chiede Lo Verso.
"Ah, lui sta bene. Già da stamattina è in giro a raccontare a tutti cos'è successo!"

Übung 11: Beantworten Sie die Fragen zum Text!

1. Perché la ferita guarirà fra qualche settimana?

2. A che cosa serve la chiave che cercava Nicola?

3. Chi ha strappato la pagina del calendario?

4. A chi appartiene il libro con la copertina rossa?

5. Perché zoppica Nicola?

6. Padre Calogero è ancora in ospedale e sta male?

"Visto che tutto si è sistemato, la mia presenza qui non è più necessaria", dice il commissario, "torno a casa. Ho già mancato due serate di *briscola*, al club. Ma prima voglio passare a salutare Domenico."
"Bene allora. Fai buon viaggio! A presto!", lo saluta Torre.
Lo Verso sale al secondo piano dell'ospedale. Entra nella piccola

stanza. Il vecchio Domenico è seduto sul letto. Sta parlando con Toni. "Prego, Commissario, faccia Lei un po' di compagnia a Domenico. Io devo andare ad aiutare mia moglie. Come al solito...", dice Toni ed esce.

"Volevo solo salutarLa. Come sta?"

"Meglio, grazie. E Lei, invece, come va col Suo braccio? Ha rischiato la vita."

"È il mio mestiere. *Non riesco a farne a meno.* È un *vizio.* Peggio del fumo!", dice Lo Verso e sorride.

"Quel ragazzo mi ha *deluso* molto. Lo conosco da quando era un bambino. Questo mi ha aiutato a capire che il suo animo era cambiato. Si è trasformato in una persona *avida,* capace di fare qualunque cosa." Il vecchio *porge* un piccolo pacchetto al commissario.

"Grazie, non doveva disturbarsi!", Lo Verso saluta un'ultima volta il vecchio Domenico e lascia l'ospedale.

Übung 12: Übersetzen Sie folgende Sätze!

1. Ich muss gehen, um meiner Frau zu helfen. Wie üblich ...

_____

2. Ich wollte mich nur von Ihnen verabschieden.

_____

3. Sie haben das Leben riskiert.

_____

4. Dieser Junge hat mich sehr enttäuscht.

_____

5. Ich kenne ihn seit er ein kleiner Junge war.

6. Danke, das wäre doch nicht nötig gewesen!

Arriva alla *locanda* per prendere le sue cose.
"Francesca è partita. Voleva cambiare aria per un po'", spiega Pippo.
"È giovane, si riprenderà in fretta", dice Lo Verso.
"Sicuramente", rispondono Pippo e Lucia.
"Grazie di tutto. Siete stati molto gentili. Arrivederci."
Lo Verso sale sulla sua macchina. *Accende* la radio. Non ha ancora smesso di piovere. Mentre ascolta la sua canzone preferita, vede sul *sedile* il pacchetto di Domenico. Si ferma nel primo parcheggio e apre il pacchetto. Dentro c'è un medaglione. Sopra c'è scritto qualcosa in una lingua antica. È greco. Vediamo se i cinque anni di greco del liceo sono serviti a qualcosa...
"Proteggi chi nelle tue acque naviga, Signore dei mari."
Riflette un attimo. Poi alza la testa. La pioggia è cessata, un raggio di sole illumina la strada.
E il commissario riparte.

Abschlusstest

Übung 1: Welches Wort ist das „schwarze Schaf"?
Unterstreichen Sie!

1. ospedale, flebo, avvocato, infermiera
2. segreteria telefonica, campanello, segnale acustico, messaggio
3. traffico, semaforo, cellulare, strisce pedonali
4. marito, amante, cugino, nipote
5. rosticceria, ristorante, chiesa, trattoria
6. telefono, cellulare, computer, clacson
7. giardino, rose, albero, cancello
8. corridoio, camera da letto, studio, cucina

Übung 2: Übersetzen Sie folgende Sätze!

1. Der Polizist ist ungeduldig.

2. Die Ärztin ist sehr besorgt um ihre Patientin.

3. Die Stadt ist chaotisch.

4. Die Freunde erinnern sich an die Schulzeit.

5. In ihrem Zimmer sind Schwarzweißfotos.

6. Der Besuch bei der Tante ist wie immer nett.

7. Catia öffnet die Augen und schaut auf den Wecker.

8. Sie sind kein Verwandter des Verstorbenen.

Übung 3: Unterstreichen Sie die richtige Variante!

1. La dottoressa bussa/cammina alla porta di zia Giorgia.
2. Zia Giorgia porta/apre un vassoio coi bicchieri e i biscotti.
3. I bambini giocano/cantano al computer.
4. Giulia e Catia ripetono/scrivono insieme chimica.
5. La paziente pensa/domanda all'incidente.
6. La badante e l'avvocato vogliono/dicono andare via.

Übung 4: Übersetzen Sie und lösen Sie das Rätsel!

1. Rennen ☐ _ _ _ _
2. Geschichte _ _ _ _ _ ☐
3. Wein ☐ _ _ _
4. Stadt, in der der Palio stattfindet _ _ _ _ ☐
5. Polizei _ _ ☐ _ _ _
6. Name des Pferderennens von Siena _ _ ☐ _ _
7. (Sieger-)Preis _ _ _ _ _ ☐

Lösung: _ _ _ _ _ _ _

Übung 5: Beantworten Sie folgende Fragen zur Geschichte „Corsa con ostacoli"!

1. Che cosa sono le contrade?

2. Perché il fantino ha deciso di partecipare al Palio anche dopo la minaccia?

3. Che cos'è esattamente il Palio?

4. Che cosa sono i problemi familiari di cui parla Luca Cecchi?

5. Che cosa offre Carlo Cecchi al fantino?

6. Chi ha vinto il Palio?

Übung 6: Übersetzen Sie die folgenden Sätze!

1. Quasi scoppiava quando ha visto il nostro cavallo.

2. Non ne posso più, ogni anno la stessa storia!

3. Non sappiamo ancora niente.

4. Gli altri sono già sul posto.

5. Non si preoccupi, è tutto a posto.

6. Mio figlio è un bravo ragazzo.

Übung 7: Sind folgende Aussagen zur Geschichte „Delitto e caffè"
wahr? Markieren Sie mit richtig ✔ oder falsch – !

1. Il commissario interroga Armida. ☐
2. La sera del delitto Lidia è a casa. ☐
3. Nadia e il padre litigano violentemente. ☐
4. Lidia scopre il delitto e chiama subito la polizia. ☐
5. C'è stata una rapina. ☐
6. Nadia è stata ricoverata in un ospedale psichiatrico. ☐
7. Alla fine Lidia lavora per la famiglia De Rossi. ☐

Übung 8: Ergänzen Sie die Übersetzung der deutschen Verben mit
den Wörtern in Klammern!
(rumore, una brutta fine, una visita, una domanda, un favore, in
fretta, due chiacchiere, caldo)

1. eine Frage stellen   fare _____

2. warm sein   fare _____

3. sich beeilen   fare _____

4. ein böses Ende nehmen   fare _____

5. laut sein   fare _____

6. einen Gefallen tun   fare _____

7. plaudern   fare _____

8. besuchen   fare _____

Übung 9: Vervollständigen Sie die italienische Übersetzung mit den Wörtern in Klammern!
(sonno, spintone, faccende, mente, naso, finta, niente, bocca aperta, prendi)

1. Armida steht mit offenem Mund da.

   Armida resta a _____.

2. Für wen hältst du mich?

   Per chi mi _____?

3. Armida kann nicht einschlafen.

   Armida non riesce a prendere _____.

4. Was fällt dir ein?

   Cosa ti viene in _____?

5. Er hat mich geschubst und ich bin gefallen.

   Mi ha dato uno _____ e sono caduta.

139

6. Ich stecke nie die Nase in anderer Leute Angelegenheiten!

Non metto mai il _____ nelle _____ che non

mi riguardano.

7. Lidia tut so, als sei nichts geschehen.

Lidia fa _____ di _____.

Übung 10: Sind die folgenden Aussagen zur Geschichte „Il segreto del faro" korrekt? Markieren Sie mit richtig ✔ oder falsch – !

1. La locanda "Da Pippo" è molto moderna e i proprietari sono un po' freddi.

2. Padre Calogero e il vecchio Domenico non vanno mai d'accordo.

3. Il commissario ha capito già dall'inizio chi è il colpevole.

4. Il sangue trovato per terra è tutto del vecchio Domenico.

5. Cinisi ha origini molto antiche.

6. Quelli dei beni culturali hanno fatto delle ricerche sul promontorio.

Übung 11: Welche Gegenteile gehören zusammen? Ordnen Sie zu!

1. in fretta	☐ verità
2. approfondito	☐ odiare
3. scuro	☐ lentamente
4. bugia	☐ magro
5. grasso	☐ superficiale
6. adorare	☐ chiaro

Übung 12: Übersetzen Sie folgende Sätze!

1. Viel Glück mit den Untersuchungen!

2. Vielleicht gibt es etwas, das du über Toni De Grazia wissen solltest.

3. Was hast du dieses Mal angestellt?

4. Sag mir nicht, du glaubst an diese Kindergeschichten!

5. Sie haben Wort gehalten!

6. Aber was hat das mit dem alten Domenico zu tun?

7. Aber natürlich! Warum hab' ich nicht schon früher daran gedacht!

Lösungen

Le ultime volontà del dottor Bianchi

Übung 1: 1. richtig 2. falsch 3. richtig 4. falsch 5. richtig 6. richtig 7. falsch

Übung 2: 1. quotidiano locale 2. ascensore 3. cornetto alla crema 4. quotidiano 5. caldo 6. amico 7. cucinare

Übung 3: 1. Der Parkplatz ist in der Nähe des Krankenhauses. 2. Die Autofahrer sind ungeduldig und hupen. 3. Im Kühlschrank ist nur Milch. 4. Der Anrufbeantworter funktioniert nicht gut. 5. Das Telefon klingelt den ganzen Tag. 6. Catias Schwester lebt in einer anderen Stadt.

Übung 4: 1. impaziente 2. disinteressato 3. freddo 4. male 5. riposato 6. debole 7. da solo

Übung 5: 1. b 2. b 3. c 4. a 5. b 6. b 7. b 8. c 9. b 10. a

Übung 6: 1. Il dottor Bianchi sta molto male. 2. Giulia ha mal di testa. 3. Mi addormento sempre sul divano. 4. Il nostro amico ci accompagna a casa. 5. La zia va all'aria fresca. 6. La casa ha un grande giardino.

Übung 7: 1. domande 2. figlia 3. cugino 4. marito 5. incidente 6. ospedale

Übung 8: 1. Eifersucht 2. Medikament 3. Terrasse 4. geldgierig 5. Unfall 6. Arm

Übung 9: 1. foto 2. vestiti 3. gonne 4. pantaloni 5. comodi 6. moderna

Übung 10: 1. cucina 2. studio 3. soggiorno 4. garage 5. camera da letto 6. bagno

Übung 11: 1. falsch 2. richtig 3. richtig 4. falsch 5. falsch 6. richtig 7. falsch 8. falsch

Übung 12: 1. Qualcuno cerca di uccidere Giulia in ospedale con l'insulina. 2. Alfredo non può essere responsabile del tentato omicidio di Giulia in ospedale perché è via in cura psichiatrica. 3. Il giorno in cui c'è il peggioramento di Giulia a causa dell'insulina Stefano è ubriaco. 4. Catia Loconsole preferisce non pensare alla badante perché le ricorda l'incidente del padre e della sua amante. 5. Il dottor Bianchi è in fin di vita. 6. La sera dell'incidente di Giulia la badante è a casa del dottor Bianchi, dopo va in ospedale.

Übung 13: 1. richtig 2. falsch 3. richtig 4. falsch 5. falsch 6. richtig

Übung 14: 1. erede universale 2. medico 3. ritorno 4. famiglia 5. lavoro 6. danno

Corsa con ostacoli

Übung 1: 1. notte 2. aria 3. illuminano 4. muri 5. case 6. piedi 7. lontana

Übung 2: 1. lassen 2. gehen 3. zurückkommen 4. sich setzen 5. laufen 6. senken 7. rufen 8. zeigen

Übung 3: 1. chiudere 2. debole 3. silenzio 4. riposato 5. entrare 6. acceso 7. freddo 8. spegnere

Übung 4: 1. duro 2. oneste 3. grave 4. agitati 5. impulsivo 6. bravo

Übung 5: 1. schnell 2. interessant 3. klein 4. langweilig 5. seltsam 6. aufgeregt 7. nächste 8. enttäuscht 9. großartig

Übung 6: 1. richtig 2. falsch 3. falsch 4. richtig 5. falsch 6. richtig 7. falsch 8. falsch

Übung 7: 1. caduta 2. cavallo 3. fantino 4. partecipare 5. ospedale 6. padre 7. animale

Übung 8: 1. bellissimo 2. piccolissimo 3. difficilissimo 4. stanchissimo 5. tardissimo 6. preoccupatissimo 7. benissimo

Übung 9: 1. gara 2. notato 3. strano 4. pensa 5. tagliare 6. associazione 7. tradizione 8. problemi 9. ferma 10. chiede

Übung 10: 1. le università 2. i centri 3. i caffè 4. le novità 5. le ore 6. i giorni 7. gli eventi 8. gli anni 9. le famiglie 10. le lezioni

Übung 11: 1. prova 2. prepararsi 3. ordine 4. responsabile 5. lite 6. pensare 7. appuntamento 8. quartiere Lösung: problemi

Übung 12: 1. Ho fatto una doccia. 2. Sembra che non hai ancora capito. 3. Non è la prima volta che ricevo delle minacce. 4. Faccio questo lavoro da molti anni. 5. Ma io non mi arrendo. 6. La vostra contrada vincerà.

Übung 13: 1. Fino ad ora non ci sono stati problemi. 2. Era qui, un minuto fa. 3. Non ho tempo per parlare in questo momento. 4. Ma forse ho qualcosa di interessante per Lei. 5. Le faccio una proposta. 6. Mi dispiace, ma non sappiamo niente di sicuro.

Übung 14: 1. I contradaioli di solito non fanno scommesse perché sono troppo superstiziosi. 2. Cecchi ha scritto una falsa lettera per far cadere la colpa su Matteo Barbini. 3. Carlo Cecchi ha bisogno di molti soldi perché è pieno di debiti. 4. Carlo Cecchi non ha puntato su Ulisse perché in caso di vittoria i soldi vinti sarebbero stati troppo pochi. 5. Cesare Rossi ha colpito Carlo Cecchi con il suo pugno. 6. L'uomo nella foto insieme a Carlo Cecchi è uno che organizza scommesse clandestine.

Delitto e caffè

Übung 1: 1. 15:15 2. 00:00 3. 18:30 4. 7:40 5. 10:00 6. 13:25

Übung 2: 1. salame 2. lavandino 3. detestare 4. tata 5. zio 6. scarpe 7. andare

Übung 3: 1. La mosca vola via. 2. Le amiche si incontrano il giovedì. 3. Armida osserva gli insetti che danzano. 4. Lidia aveva cominciato giovanissima a lavorare. 5. Il dottor Raimondi era vecchio e cattivo. 6. Non abbiamo mai fatto debiti con nessuno. 7. Abbiamo tutte le prove che ci servono.

Übung 4: 1. meglio 2. morte 3. facile 4. vecchio 5. grande 6. salire 7. caldo

Übung 5: 1. imbarazzo 2. educazione 3. coraggio 4. calore 5. freddezza 6. terrore 7. tensione 8. timore

Übung 6: 1. camicetta 2. gonnellina 3. piattino 4. stradina 5. poveretta/poverina 6. occhietti 7. oretta 8. tavolino

Übung 7: 1. scendere 2. venire 3. spegnere 4. chiudere 5. entrare 6. finire

Übung 8: 1. ora 2. piccola 3. calibro 4. fiori 5. probabilmente 6. hanno 7. errori
Übung 9: 1. nuovamente 2. perfettamente 3. leggermente 4. improvvisamente
5. evidentemente 6. certamente
Übung 10: 1. di, in 2. di, nel 3. di, nel 4. a 5. dell', alla 6. a, in 7. di, di 8. a
Übung 11: 1. a 2. b 3. a 4. b 5. a 6. b
Übung 12: 1. verità 2. letto 3. televisione 4. voce 5. bicchiere 6. errore 7. gonna
Übung 13: 1. appartamento 2. giardino 3. pronto soccorso 4. prigione 5. salone
di parrucchiere 6. salone di bellezza 7. questura

Il segreto del faro

Übung 1: 1. brummen 2. antworten 3. drehen 4. fragen 5. sagen 6. erraten
7. folgen
Übung 2: 1. effettivamente 2. foglio 3. goccia 4. rifatto 5. troppo 6. ascoltare
Übung 3: 1. scomparsa 2. commissario 3. telefono 4. chiamare 5. indizio
6. sigaretta 7. settimana Lösung: polizia
Übung 4: 1. le pareti 2. i quadri 3. le foto 4. gli oggetti 5. gli uomini 6. le mani 7. le
camere 8. i palloni 9. le facce
Übung 5: 1. giovane 2. lento 3. ricco 4. mai 5. nuovo 6. poco 7. finire 8. calmo
Übung 6: 1. comincia 2. decide 3. saluta 4. va 5. arriva 6. si toglie 7. si sdraia
8. dorme 9. fa 10. Si sente
Übung 7: 1. commissario 2. parlare 3. sedere 4. clienti 5. storia 6. gente 7. male
Übung 8: 1. di 2. nella 3. alla 4. nella 5. fino al 6. al 7. dal 8. nel 9. sotto 10. sul
Übung 9: 1. basso 2. grasso 3. scuri 4. terrorizzato 5. alterata 6. chiusa
Übung 10: 1. Vorrei risolvere presto questo caso. 2. Quando arriva nella piazza
sono già le sette. 3. Caro Vincenzo, come procedono le tue indagini? 4. C'è più
di una persona che sa qualcosa. 5. I due uomini vanno nell'ufficio. 6. Il resto lo
sapremo domani.
Übung 11: 1. La ferita guarirà fra qualche settimana perché è molto superficiale. 2. La chiave che cercava Nicola serve ad aprire la grossa porta di ferro
nella cantina del faro. 3. Nicola ha strappato la pagina del calendario. 4. Il libro
con la copertina rossa appartiene alla biblioteca. 5. Nicola zoppica perché il
cane lo ha morso. 6. No, sta bene ed è già in giro a raccontare a tutti cos'è
successo.
Übung 12: 1. Io devo/Devo andare ad aiutare mia moglie. Come al solito...
2. Volevo solo salutarLa. 3. Ha rischiato la vita. 4. Questo ragazzo mi ha deluso
molto. 5. Lo conosco da quando era (un) bambino. 6. Grazie, non doveva disturbarsi!

Lösungen Abschlusstest

Übung 1: 1. avvocato 2. campanello 3. cellulare 4. amante 5. chiesa 6. clacson 7. cancello 8. corridoio

Übung 2: 1. Il poliziotto è impaziente. 2. La dottoressa è molto preoccupata per la sua paziente. 3. La città è caotica. 4. Gli amici ricordano i tempi di scuola. 5. Nella sua stanza ci sono foto in bianco e nero. 6. La visita dalla zia è piacevole come sempre. 7. Catia apre gli occhi e guarda la sveglia. 8. Lei non è un parente del defunto.

Übung 3: 1. bussa 2. porta 3. giocano 4. ripetono 5. pensa 6. vogliono

Übung 4: 1. corsa 2. storia 3. vino 4. Siena 5. polizia 6. Palio 7. premio Lösung: cavallo

Übung 5: 1. Le contrade sono i quartieri di Siena che partecipano al Palio. 2. Il fantino ha deciso di partecipare al Palio anche dopo la minaccia perché non vuole arrendersi. 3. Il Palio è la corsa storica di cavalli a Siena e anche il premio di questa gara. 4. I problemi familiari di cui parla Luca Cecchi sono problemi economici/i debiti del padre. 5. Carlo Cecchi offre del vino al fantino. 6. L'Istrice con Ulisse ha vinto il Palio.

Übung 6: 1. Er platzte fast, als er unser Pferd sah. 2. Ich hab die Nase voll, jedes Jahr die gleiche Geschichte! 3. Wir wissen noch nichts. 4. Die anderen sind schon vor Ort. 5. Machen Sie sich keine Sorgen, es ist alles in Ordnung. 6. Mein Sohn ist ein guter Junge.

Lösung 7: 1. falsch 2. richtig 3. richtig 4. falsch 5. falsch 6. richtig 7. richtig

Lösung 8: 1. fare una domanda 2. fare caldo 3. fare in fretta 4. fare una brutta fine 5. fare rumore 6. fare un favore 7. fare due chiacchiere 8. fare una visita

Lösung 9: 1. bocca aperta 2. prendi 3. sonno 4. mente 5. spintone 6. naso, faccende 7. finta, niente

Übung 10: 1. falsch 2. falsch 3. falsch 4. falsch 5. richtig 6. falsch

Übung 11: 1. lentamente 2. superficiale 3. chiaro 4. verità 5. magro 6. odiare

Übung 12: 1. Buona fortuna con le indagini. 2. Forse c'è qualcosa che dovresti sapere su Toni De Grazia. 3. Cosa hai combinato questa volta? 4. Non dirmi che credi a quelle storie da ragazzini! 5. Ha mantenuto la Sua parola! 6. Ma questo cosa c'entra con il vecchio Domenico? 7. Ma certo! Perché non ci ho pensato prima!

Glossar

f	feminin
fam	umgangssprachlich
fig	bildlich
irr	unregelmäßig
m	maskulin
pl	Mehrzahl
v	Verb

abbaiare *v*	bellen
abbandonato	verlassen
abete *m*	Tanne
accendere *v irr*	einschalten; anzünden
Accidenti! *fam*	Donnerwetter! Zum Teufel! *fam*
accogliente	gastfreundlich; gemütlich
accusa *f*	Anschuldigung
adesivo *m*	Aufkleber
a dirotto	heftig, stark
affacciarsi *v*	(heran)treten; mit Blick auf
affaticato	ermüdet
affatto	ganz und gar
afferrare *v*	ergreifen, packen
affidarsi *v*	sich anvertrauen
aggrapparsi *v*	hier: hängen *fig*, sich klammern
aggredire *v*	angreifen
aggressione *f*	Überfall
alba *f*	Morgengrauen
alito *m*	Mundgeruch
allevamento *m*	Zucht
alloggiare *v*	wohnen, untergebracht sein
alterato	hier: gereizt; verändert
alterazione *f*	Veränderung
amante *f, m*	Geliebte(r); Liebhaber(in)
ambulatorio *m*	ambulante Behandlung
a mente fresca *fig*	bei klarem Verstand
a mezz'aria	auf halber Höhe
ammettere *v irr* **qualcosa**	etwas zugeben

amministratore *m*	hier: Hausverwalter
amministrazione *f*	Verwaltung
analisi *f* **balistica**	ballistische Untersuchung
andare *v irr* **fino in fondo**	bis zum Ende durchziehen
andare *v irr* **dietro a** *fig*	stehen auf *fig*
animalista *f, m*	Tierschützer(in)
ansimare *v*	außer Atem sein
anta *f*	Tür, Flügel
apparecchiare *v* **la tavola**	den Tisch decken
appendere *v irr*	aufhängen
appeso al chiodo	am Haken hängend
appoggio *m*	Unterstützung
approfittare *v*	ausnutzen
approfondito	vertieft, gründlich, eingehend
appunto *m*	Notiz
arcivescovo *m*	Erzbischof
aria *f* **di sfida**	herausfordernde Miene
arido *fig*	gefühllos
arma *f* **del delitto**	Tatwaffe
armatura *f*	Rüstung
arrampicarsi *v*	hochklettern
arredato	eingerichtet
arrendersi *v irr*	sich ergeben; nachgeben
assaggiare *v*	probieren, kosten
assegnare *v*	zuteilen
automobilista *f, m*	Autofahrer(in)
avanzare *v*	vorwärts kommen; älter werden
avido (di soldi)	(geld)gierig, (hab)gierig
avvelenamento *m*	Vergiftung
avvelenare *v*	vergiften
avvenimento *m*	Ereignis
avvertire *v*	benachrichtigen; spüren
avvolgere *v irr*	umhüllen
badante *f, m*	Pfleger(in)
baffi *m, pl*	Schnurrbart
bancarella *f*	Stand
banco(ne) *m*	Theke
barcollare *v*	wanken, taumeln; wackeln
barista *f, m*	Barmann, -frau
basta con la storia *fig*	genug davon
battaglia *f*	Kampf
benedire *v irr*	segnen

Beni *m, pl* **Culturali**	hier: Denkmalschutzamt
bigné *m,* **bigné** *pl*	Windbeutel
bottega *f*	Laden, Geschäft; Werkstatt
briglia *f*	Zügel, Zaum
brindare *v*	anstoßen, trinken auf
briscola *f*	typisch italienisches Kartenspiel
brivido *m*	Schauder, Schauer
Bruco *m*	Name einer Contrade (wörtlich: Raupe)
bruscamente	brüsk
caccia *f* **alle mosche**	Fliegenjagd
cadavere *m*	Leiche
caffettiera *f*	Kaffeemaschine
calmante *m*	Beruhigungsmittel
calvo	glatzköpfig, kahl
calzolaio *m*	Schuhmacher, Schuster
camice *m*	Kittel
camomilla *f*	hier: Kamillentee; Kamille
campanello *m*	Klingel
campione *m*	hier: Probe
cancello *m*	(Gitter-)Tor
carro *m*	Wagen
cartello *m*	Schild
cassaforte *f*	Tresor
cattedra *f*	Pult
cattiva coscienza *f*	schlechtes Gewissen
cautela *f*	Vorsicht
cavalcare *v*	reiten
cellulare *m*	Handy
cespuglio *m*	Strauch
cesta *f*	Korb
chiacchierata *f*	Plausch, Plauderei
Chianti *m*	Chianti-Gebiet, Name der Siena umgebenden Hügel
Chiocciola *f*	Name einer Contrade (wörtlich: Schnecke)
ciambella *f*	eine Art Gebäck
clandestino	heimlich
collegio *m*	Internat
colletto *m*	Kragen
colpevole *f, m*	Schuldige(r), Täter(in)
colpevole	schuldig
colpevolezza *f*	Schuld

colpire *v*	treffen, schlagen; beeindrucken
colpo *m* **di pistola**	Pistolenschuss
combinare *v, fam*	etwas anstellen, anrichten
commissioni *f, pl*	hier: Besorgung(en)
comò *m, comò pl*	Kommode
compagna *f* **di cella**	Zellengenossin
compagno *m*	hier: Partner
concludersi *v irr*	zu Ende gehen
condanna *f*	Strafe
confermare *v*	bestätigen
coniugato	verheiratet
consegnare *v*	aushändigen
contrada *f*	Straßenviertel von Siena, die beim Palio gegeneinander antreten. Sie tragen meistens Tiernamen.
contradaiolo *m*	Angehörige(r) einer Contrade
copertina *f*	Umschlag, Cover
cornetta *f*	hier: Telefonhörer
cornetto *m*	Hörnchen, Croissant
Corteo *m* **Storico**	historischer Umzug
cortile *m*	Hof
crampo *m*	Krampf
crollare *v*	einstürzen; zusammenbrechen *fig*
cuccia *f*	Hundehütte
cucinino *m*	Kochnische, Kochzeile
custode *f, m*	Hausmeister(in)
dare *v irr* **il via**	Startzeichen geben
dare *v irr* **una mano a qualcuno** *fig*	jemandem zur Hand gehen, helfen
dare *v irr* **un'occhiata**	sich umsehen, einen Blick werfen
dare *v irr* **uno sguardo**	sich umsehen, einen Blick werfen
debito *m*	Schuld
decesso *m*	Ableben, Tod
deformazione *f* **professionale**	Berufskrankheit
defunto *m*	Verstorbene
delirare *v*	delirieren, fantasieren
deludere *v irr*	enttäuschen
depistaggio *m*	Irreführung
disgrazia *f*	Unglück
disposto a	bereit zu
distintivo *m*	Abzeichen, Erkennungsmarke
divagare *v*	abschweifen

domestico/a *f, m*	Haushälter(in), Hausangestellte(r)
dono *m*	Gabe
dovere *v irr* **una spiegazione**	eine Erklärung schuldig sein
drappo *m*	Tuch, Fahne
drogato	drogensüchtig
educato	(wohl)erzogen
educazione *f* **fisica**	Sportunterricht
equilibrato	ausgeglichen
erbe *f, pl*	Kräuter
erede *f, m* **universale**	Alleinerbe, Alleinerbin
ereditare *v*	erben
esaurimento *m* **nervoso**	Nervenzusammenbruch
escludere *v irr*	ausschließen
essere *v irr* **contrario**	dagegen sein
essere *v irr* **coinvolto**	verwickelt sein in
essere *v irr* **impegnato**	beschäftigt sein
essere *v irr* **in fin di vita**	im Sterben liegen
essere *v irr* **in pena per**	in Sorge sein um
essere *v irr* **nei guai** *fam*	in Schwierigkeiten stecken
esultare *v*	jubeln
fannullone *m*	Taugenichts
fantasma *m*	Gespenst
fantino *m*	Jockey
farcela *v irr, fam*	es schaffen, davonkommen
fare *v irr* **accomodare**	Platz nehmen lassen
fare *v irr* **il furbo** *fam*	den Oberschlauen spielen *fam*
fare *v irr* **impressione**	hier: erschüttern
fare *v irr* **la guardia**	bewachen
fare *v irr* **strada a**	begleiten
fare *v irr* **una scenata**	eine Szene machen
fare *v irr* **un cenno**	ein Zeichen geben
far *v irr* **finta** *fam*	so tun als ob
far *v irr* **luce su**	Licht bringen in, etwas aufklären
faro *m*	Leuchtturm
farsi *v irr* **zitta**	verstummen
favoreggiamento *m*	heimliches Einverständnis
ferita *f*	Verletzung
ferito	verletzt
fessura *f*	Spalte
festa *f* **di San Biagio**	Fest des Heiligen der Stadt Mailand am 3. Februar
fetta *f*	Scheibe; Stück

fianco *m*	Seite
ficcanaso *f, m, fam*	Schnüffler(in)
fidarsi *v*	vertrauen
fiera *f*	Messe, Ausstellung
filo di voce *fig*	kaum hörbare Stimme
fioco	schwach
fiorente	blühend
fitto	dicht
flebo *f,* **flebo** *pl*	Tropf
folla *f*	Menge, Menschenmenge
fondi *m, pl*	Mittel, Gelder
fornello *m*	Herd, Herdplatte
frenare *v*	bremsen
frittella *f*	gebackene Apfelringe
fronte *f*	Stirn
fuoriuscire *v irr*	überlaufen; austreten aus
furto *m*	Diebstahl
gara *f*	Wettkampf, Rennen
gelosia *f*	Eifersucht
gelsomino *m*	Jasmin
gesto *m*	hier: Tat; Geste
ginestra *f*	Ginster
giocattolo *m*	Spielzeug
giochetto *m*	Spielchen
giubbetto *m*	Jäckchen
godersi *v irr*	genießen
gradinata *f*	Treppe
grembiule *m*	Schürze
grinta *f*	Entschlossenheit
guaio *m*	Ärger; Schwierigkeit
guancia *f*	Wange
guardia *f*	Wache
guardiano *m*	Wächter
illegittimo	hier: unehelich; unrechtmäßig
imbarazzato	verlegen
immerso	versunken, eingetaucht
impacciato	hier: verlegen, befangen
impietrito	versteinert
impressionare *v*	beeindrucken; erschüttern
impronta *f* **digitale**	Fingerabdruck
improvviso	plötzlich
incamminarsi *v*	sich auf den Weg machen

incastrare *v, fam*	hereinlegen
incendio *m*	Brand
in cima a	ganz oben, an der Spitze
incriminare *v*	beschuldigen, anklagen
incuriosito	neugierig
individuare *v*	erkennen, herausfinden
indiziato/a *f, m*	Verdächtige(r)
infastidito	verärgert
infermiera, infermiere *f, m*	Krankenschwester, Krankenpfleger
inginocchiatoio *m*	Kniebank
iniezione *f*	Injektion, Spritze
innaffiare *v* **i fiori**	die Blumen gießen
innaffiatoio *m*	Gießkanne
inno *m*	Hymne
in preda al panico *fig*	von Panik gepackt
inseguire *v*	verfolgen
insinuare *v*	unterstellen
insospettabile	unverdächtig
interrogatorio *m*	Verhör
interruttore *m* **della luce**	Lichtschalter
intimidire *v*	einschüchtern
intossicazione *f*	Vergiftung
invadere *v irr*	stürmen, einfallen
investigatore *m* **privato**	Privatdetektiv
invidioso	neidisch
istituto *m* **per il recupero dei tossicodipendenti**	Zentrum für die Behandlung und Betreuung von Drogenabhängigen
Istrice *m*	Name einer Contrade (wörtlich: Stachelschwein)
lampione *m*	(Straßen-)Laterne
laurearsi *v*	einen Universitätsabschluss machen
lavello *m*	Spülbecken
lente *f*	hier: Leuchtturm-Scheinwerfer
lite *f*	Streit
litigio *m*	Streit
locanda *f*	Gasthaus
luccicare *v*	glänzen
lucido *m*	Politur
Lupa *f*	Name einer Contrade (wörtlich: Wölfin)
madreperla *f*	Perlmutt
malato *m* **di mente**	Geisteskranker
malizioso	hier: schelmisch; boshaft

malore *m*	plötzliche Übelkeit, Unwohlsein
mandare *v* **all'aria** *fig*	platzen lassen *fig*, vergessen
manico *m*	Griff
manifestante *f, m*	Demonstrant(in)
marcio	faul
medievale	mittelalterlich
mensola *f*	Konsole
merce *f*	Ware
meritare *v*	verdienen
merito *m*	Verdienst
Messa *f* **del Fantino**	Messe für die Jockeys, Teil des traditionellen Programms des Palio
mettere *v irr* **il naso nelle faccende degli altri** *fam*	die Nase in anderer Leute Angelegenheiten stecken *fam*
Mi gira la testa. *fig*	Mir ist schwindelig.
minaccia *f*	Drohung
minacciare *v*	drohen
miscuglio *m*	Mischung
modestia *f* **a parte** *fam*	bei aller Bescheidenheit
mordere *v irr*	beißen
mostruoso	schrecklich, furchtbar; monströs
muffa *f*	Schimmel
muretto *m*	kleine Mauer, Mäuerchen
nascondiglio *m*	Versteck
nausea *f*	Übelkeit
navigare *v* **nell'oro** *fig*	im Geld schwimmen *fig*
nipote *m* **di primo grado**	Neffe ersten Grades
nitrito *m*	Wiehern, Gewieher
non avere più scampo *fam*	keinen Ausweg haben
Non riesco a farne a meno.	Ich kann nicht anders.
nubile	ledig
Oca *f*	Name einer Contrade (wörtlich: Gans)
occhiaie *f, pl*	Augenringe
omicidio *m*	Mord
origliare *v*	lauschen
ortaggio *m*	Gemüse
ospedale *m* **psichiatrico**	psychiatrische Klinik
paggio *m*	Page
palazzo *m* **comunale**	Rathaus
palestra *f*	Turnhalle
Palio *m* **(di Siena)**	Palio, Pferderennen von Siena

pallottola *f*	Kugel (Pistole)
panna *f* **montata**	Schlagsahne
parente *f, m*	Verwandte(r)
parlare *v* **del più e del meno**	über dieses und jenes reden
parlatorio *m*	Besucherraum
peccato *m*	Sünde
peggioramento *m*	Verschlechterung
pena *f* **sospesa**	Strafe auf Bewährung
pensare *v* **tra sé (e sé)**	bei sich denken
pensieroso	nachdenklich
per conto di qualcuno	in jemandes Auftrag
per piacere	bitte
perquisire *v*	durchsuchen, untersuchen
perquisizione *f*	Durchsuchung
pettegolezzo *m*	Tratsch, Gerede
pettinatura *f*	Frisur
piacere *m*	Genuss; Freude
piacevole	angenehm, nett
pianterreno *m*	Erdgeschoss
picchiare *v*	schlagen
pista *f*	Rennstrecke
plissettato	plissiert
porgere *v irr*	reichen
portagioie *m*, **portagioie** *pl*	Schmuckkästchen
posare *v*	abstellen, hinlegen
posteggiatore *m*	Parkwächter
pozzanghera *f*	Pfütze
pozzo *m*	Brunnen
premere *v*	drücken
prendere *v irr* **di striscio**	streifen
prendere *v* **fiato** *fig*	Luft holen
prendere *v* **qualcuno per qualcuno**	jemanden für jemanden halten
prendersela *v irr, fam*	sich etwas zu Herzen nehmen, ernst nehmen
preparativi *m, pl*	Vorbereitungen
prestare *v*	ausleihen
prestito *m*	hier: Darlehen
prevedibile	vorhersehbar
previsione *f*	Prognose, Vorhersage
prezzemolo *m*	Petersilie
procedere *v irr*	vorangehen, vorwärts kommen

Processione *f* **del Cero Votivo**	Prozession mit der Votivkerze, Teil des traditionellen Programms des Palio
promontorio *m*	Kap
pronto soccorso *m*	erste Hilfe
proroga *f*	Aufschub
proseguire *v*	weitergehen, fortsetzen
prova *f*	Probe; Beweis
prova e riprova *fam*	nach mehreren Versuchen
provocare *v*	verursachen
pugno *m*	Faust
pulsante *m*	(Druck-)Knopf
pungente	bissig *fig*
punizione *f*	Strafe
puntare *v* **su**	setzen auf (bei Wetten)
puzzare *v*	stinken
puzzolente	stinkend
qualcosa non quadra *fig*	etwas stimmt nicht
quartiere *m*	Viertel
questura *f*	Polizeipräsidium
quotidiano *m* **locale**	Lokaltageszeitung
raccogliere *v irr*	sammeln
radice *f*	Wurzel
rapina *f*	Raubüberfall
rapire *v*	entführen
rapporto *m*	Beziehung
rassegnato	resigniert
reato *m*	Straftat, Verbrechen
recita *f*	Theater, Vorstellung
regolare *v* **i conti** *fig*	abrechnen, Rechnung begleichen
reparto *m* **di rianimazione**	Intensivstation
respiratore *m* **automatico**	Beatmungsgerät
restare *v* **a bocca aperta** *fig*	mit offenem Mund dastehen *fig*
retrobottega *m*	Hinterzimmer eines Geschäfts
ribrezzo *m*	Abscheu
ricapitolare *v*	zusammenfassen
ricattare *v*	erpressen
ricatto *m*	Erpressung
riconoscenza *f*	Dankbarkeit
ricovero *m*	Einlieferung, Aufnahme
riguardare *v*	betreffen
rilevare *v*	erheben, feststellen
rimproverare *v*	tadeln

rinfrescarsi *v*	sich erfrischen, sich frisch machen
rintracciare *v*	ausfindig machen
ripescare *v*	herausholen
ripido	steil
ripresa *f*	Besserung
risarcimento *m*	Entschädigung
rispettoso	respektvoll
risuonare *v*	widerhallen
ritornare *v* **in mente**	sich an etwas erinnern
ronzare *v*	hier: herumschwirren
rotolare *v*	rollen, wälzen
rovistare *v*	stöbern
ruga *f*	Falte
rullo *m* **di tamburo**	Trommelwirbel
sanguinare *v*	bluten
sbandieratore *m*	Fahnenschwinger
sbattere *v irr* **contro**	knallen gegen
sbrigare *v*	erledigen
scaffale *m*	Regal
scambiare *v* **qualche parola** *fam*	ein paar Worte wechseln
scattare *v* **il giallo**	auf Gelb schalten
scattare *v* **una foto**	ein Foto schießen
scavare *v*	ausgraben
scavo *m*	Ausgrabung
scettico	skeptisch
schiarirsi *v* **le idee**	einen klaren Kopf bekommen
scientifica *f*	Spurensuche, Erkennungsdienst
sciocchezza *f*	Dummheit, Blödsinn
sciogliere *v irr*	schmelzen
scivolare *v*	(aus)rutschen
scogliera *f*	Klippe
scoglio *m*	Klippe; Felsblock
scommessa *f*	Wette
scomodo	unbequem; ungelegen
scomparire *v irr*	verschwinden
sconvolto	bestürzt
scoop *m,* **scoop** *pl*	Knüller, exklusive Meldung (Zeitung)
scoppiare *v*	platzen
scorgere *v irr*	erblicken, ausmachen, erkennen
sdraiarsi *v*	sich hinlegen
seccato *fig*	genervt, verärgert
sedile *m* **(posteriore)**	(Rück-)Sitz

segreteria *f* **telefonica**	Anrufbeantworter
sensazione *f*	Gefühl
senza fiato	außer Atem
senza ombra di dubbio	zweifellos
separazione *f*	Trennung
serratura *f*	Schloss
sfiorare *v*	streifen, umspielen
sfornare *v*	aus dem Ofen nehmen
sforzarsi *v*	sich bemühen
sgualcito	zerknittert
sindaco *m*	Bürgermeister
singhiozzo *m*	Schluchzer
siringa *f*	Spritze
sistemare *v*	aufräumen, ordnen
socchiudere *v irr*	hier: halb schließen, anlehnen
socchiuso	halb geschlossen, angelehnt
sofferenza *f*	Leiden
soffocante	stickig
solitario	einsam
sollievo *m*	Erleichterung
sonnecchiare *v*	schlummern, ein Schläfchen machen
sonnifero *m*	Schlafmittel
sopportare *v*	ertragen
sopralluogo *m*	Untersuchung des Tatorts, Inspektion
soprannome *m*	Spitzname, Beiname
sorprendere *v irr*	hier: erwischen; überraschen
sorteggio *m*	Auslosung
sorvegliare *v*	bewachen, überwachen
sospeso	gestrichen; verschoben; suspendiert
sospettato *m*	Verdächtige(r)
sospetto *m*	Verdacht
sospirare *v*	seufzen
sostenere *v irr* **la propria innocenza**	die eigene Unschuld behaupten
sparo *m*	Schuss
spazientito	ungeduldig
spazzatura *f*	Müll
spazzola *f*	Bürste
spazzolare *v*	bürsten
spettare *v*	zustehen
spilla *f*	Anstecknadel, Brosche
spintone *m*	(heftiger) Stoß

sporcizia *f*	Schmutz, Schweinerei *fig*
spropositato	übertrieben
spuntare *v*	auftauchen, erscheinen
staccare *v*	hier: Telefon auflegen
stemma *m*	Wappen
stendere *v irr*	hier: (Wäsche) aufhängen
stirarsi *v*	sich strecken
strappare *v*	abreißen
strappare *v* **qualcosa dalle mani a qualcuno**	jemandem etwas entreißen
strisce *f* **pedonali**	Zebrastreifen
stupito	verwundert, erstaunt
stupore *m*	Staunen
superstizioso	abergläubig
supposizione *f*	Vermutung
svelare *v*	enthüllen
svelto	schnell, flink
sventagliare *v*	wedeln
svenuto	ohnmächtig
svuotarsi *v*	sich leeren
tabulati *m, pl* **delle telefonate**	Ausdruck der betätigten Anrufe
tailleur *m,* **tailleur** *pl*	Kostüm
tamburino *m*	kleine Trommel; Trommler
tanica *f*	Kanister
tardare *v* **ad arrivare**	mit Verspätung kommen
Tartuca *f*	Name einer Contrade (wörtlich: Schildkröte)
tata *f*	Kindermädchen
tenda *f*	Markise; Vorhang; Zelt
tener *v irr* **d'occhio** *fig*	im Auge haben/behalten
tenere *v irr* **molto a**	viel daran liegen
tentato omicidio *m*	versuchter Mord
tentato suicidio *m*	versuchter Selbstmord
teso	angespannt
tesoro *m*	Schatz
timore *m*	Furcht
togliere *v irr* **i sigilli**	Siegel entfernen
traccia *f*	Spur
tradire *v*	verraten, betrügen
trappola *f*	Falle
trascinare *v*	schleppen
trattenere *v irr* **il respiro**	die Luft anhalten

treccia *f*	Zopf
tremare *v*	zittern
trombettiere *m*	Trompeter
tubo *m*	Schlauch
turno *m* **(di lavoro)**	Schicht
ubriaco	betrunken
ubriacone *m*	Säufer
uccidere *v*	töten
urla *pl*	Geschrei; Schreie
vassoio *m*	Tablett
ventiquattrore *f*	Aktenkoffer; kleiner (Reise-)Koffer
vergogna *f*	Schande
vernice *f*	Lack; Anstrich
vetrina *f*	Schaufenster
vicenda *f*	Ereignis, Angelegenheit
vigliacco *m*	Feigling
viottolo *m*	Pfad, Feldweg
vipera *f*	hier: hinterhältige Frau, Schlange; Viper
vissuto	erlebt, erfahren
vizio *m*	Laster
vomitare *v*	erbrechen
zoccolo *m*	Huf
zoppicare *v*	humpeln

Compact Lernkrimi
Spannend Sprachen lernen

Compact Lernkrimi Classic

- Spannende Krimistory mit über 70 Übungen
- Vokabel- und Infokästen direkt auf der Seite

ab 7,99 € (D)

Compact Lernkrimi Kurzkrimis

- Drei bzw. vier Kurzkrimis pro Band
- Ideal für den Einsatz an Schulen und VHS-Kursen

7,99 € (D)

Compact Lernkrimi Lernthriller

- Hochspannende Thriller mit Gänsehaut-Garantie
- 70 Übungen in ansteigendem Schwierigkeitsgrad
- Vokabel- und Infokästen

7,99 € (D)

Compact Lernkrimi Sammelband

- Drei Lernkrimis in einem Band mit über 300 Übungen
- Für mittleres bis fortgeschrittenes Sprachniveau

12,99 € (D)

Compact Lernkrimi Hörbuch

- Krimistory auf CD mit MP3-fähigen Tracks
- Begleitbuch zum Mitlesen inklusive Übungen und Vokabelangaben

9,99 € (D)

Compact Lernkrimi Audio-Learning

- Spannende Story im Buch
- Übungen zu Hörverständnis und Aussprache auf CD

9,99 € (D)

Compact Lernkrimi Sprachkurs

- Sprachen lernen für Anfänger
- Krimigeschichte in 10 Lektionen
- Vokabelkarten zum kostenlosen Download

14,99 € (D)

Compact Lernkrimi Rätselblock

- 10 Mini-Krimis mit 90 Rätselübungen
- Lösungen und Vokabelangaben auf der Rückseite
- Zahlreiche Illustrationen

5,99 € (D)

›› Jeder Band inklusive Abschlusstest und Glossar

Englisch | Spanisch | Italienisch | Französisch | DaF | Schwedisch

www.lernkrimi.de
www.compactverlag.de